LE GUIDE

DU

PÈLERIN CATHOLIQUE

DANS AVIGNON

LE GUIDE

DU

PÈLERIN CATHOLIQUE

DANS AVIGNON

OU

INDICATION DES MONUMENTS

QUE CETTE VILLE OFFRE A LA PIÉTÉ DES FIDÈLES

Église miraculeuse des Pénitents-Gris,
Basilique métropolitaine de N.-D. des Doms, etc.

Par *Augustin* CANRON

> J'ai vu la cité sainte, la nou-
> velle Jérusalem qui venait de
> Dieu comme une épouse parée
> pour son époux, et j'entendis
> une voix qui disait : « Voici le
> tabernacle de Dieu parmi les
> hommes ; il habitera au milieu
> d'eux. »
> (APOCALYPSE de S. JEAN, ch. XXI.)

AVIGNON

F. SEGUIN AÎNÉ, IMPRIMEUR-ÉDITEUR

1874

La ville d'Avignon a été justement appelée la *seconde Rome*.

Ce nom lui a été donné, non-seulement parce qu'elle fut durant 70 ans la résidence des Souverains Pontifes, et pendant cinq siècles leur propriété et leur apanage, mais encore parce que, après la ville éternelle, elle est sans contredit la cité du monde qui est la plus riche en souvenirs et en monuments religieux.

Nous ne rappellerons pas ici que notre ville a été bâtie par les Celtes 314 ans après Rome et 161 ans après Marseille, c'est-à-dire 439 ans avant la naissance de N.-S. J.-C.; — que, devenue colonie romaine, elle fut chérie par Jules César à l'égal de Rome; — qu'elle soutint un siége contre Clovis, et que les Sarrasins s'en emparèrent par surprise; — que, jusqu'à la Révolution française, ses divers souverains lui ont laissé son autonomie, ses priviléges et ses droits, et qu'elle a donné le jour à des illustrations sans nombre.

Nous aimons mieux nous souvenir qu'elle a reçu de Ste Marthe, l'hôtesse du Sauveur, le flambeau de la foi, en l'an 48 de J.-C.; — que son premier Evêque a été saint Ruf, fils de Simon le Cyrénéen; — qu'elle a toujours été fidèle à ses croyances catholiques; — que les Papes ont siégé 70 ans dans ses murs, au XIV⁰ siècle, — et que, de 1318 à 1791, elle a fait partie des Etats de l'Eglise.

Il y a cent ans à peine, elle comptait huit chapitres de chanoines, neuf églises paroissiales, neuf hôpitaux, hospices ou établissements de bienfaisance, sept colléges ou séminaires, une Université, vingt-cinq couvents d'hommes et dix-huit de femmes, cinq conservatoires ou asiles pour les jeunes filles, onze confréries de pénitents ou congrégations séculières et trente-sept chapelles publiques.

Le vent de la Révolution a soufflé sur ces institutions. Quelques-unes cependant sont sorties de leurs décombres et ont fleuri de nouveau.

On compte, en effet, encore à Avignon un chapitre, sept paroisses *intra* comme *extra muros*, 4 confréries de pénitents ou congrégations d'hommes, 4 séminaires ou maisons d'éducation chrétienne pour les jeunes gens, neuf maisons relig...uses d'hommes et treize de femmes, dix établissements hospitaliers ou charitables et sept chapelles de secours.

Nous avons pensé qu'il serait bon, puisque les pèlerins catholiques ne peuvent se diriger vers Rome dont l'impiété leur ferme impitoyablement les portes, et qu'ils ont résolu de venir vénérer dans nos murailles les vestiges de la Papauté, nous avons pensé, disons-nous, qu'il serait bon de leur faire connaître tous les monuments qui nous restent de la foi de nos pères et de la munificence de nos Souverains.

Nous y conduirons donc les pieux voyageurs, tout en leur faisant toucher du doigt sur leur chemin les ravages que le vandalisme a faits parmi nous.

Notre itinéraire est conçu de façon à permettre au visiteur d'examiner tous les édifices et toutes les ruines, sans avoir besoin d'un *Cicerone*, et surtout sans jamais être obligé de revenir sur ses pas.

De plus, comme l'église des Pénitents gris et la basilique de N.-D.-des-Doms sont le centre de la dévotion avignonaise et nos plus vénérables sanctuaires, nous les avons prises pour but et pour terme de notre pèlerinage à travers la ville. C'est de l'une à l'autre que nous nous dirigerons constamment dans la pieuse excursion que nous proposons à nos lecteurs.

Puisse notre travail être agréable et utile à ceux qui le liront et contribuer à la glorification de cette Chaire Apostolique sur laquelle Pierre vit et règne dans la personne de son auguste Successeur !

A. C.

Avignon, le jeudi 19 mars 1874, fête de St Joseph, époux de Notre-Dame et père nourricier de notre divin Sauveur.

LE GUIDE

DU

PÈLERIN CATHOLIQUE

dans Avignon.

Il y a vingt-deux ans, un homme, qui malhe-
reusement n'a pas toujours été aussi bien in-
piré écrivait dans un journal libre-penseur
Paris les lignes suivantes que ne désavouera
pas une plume catholique :

« La situation d'Avignon est ravissante. Quan
on monte sur la plate-forme de la haute vill
on voit à ses pieds cette superbe forteresse
Saint-André qui domine Villeneuve ; puis, u
plaine immense de terres labourables, de pra
ries, de vignes, de jardins, de champs d'ol
viers et de mûriers.

« Le Rhône, divisé en plusieurs bras tortueu
forme une quantité d'îles semées d'arbres de
plus belle verdure.

« La plaine environne la ville entièremen
C'est une sorte de cirque de cinq lieues d'éter

due borné par des montagnes, dont la plus célèbre est le mont Ventoux, ce dernier contre-fort
des Alpes.

« Vu le soir, ce spectacle est au-dessus de
toute description. Les vapeurs du Rhône se
répandent comme des nuages et enveloppent
toute la plaine, qui semble une baie gigantesque
entourée à tous les bouts de l'horizon d'énormes vaisseaux à l'ancre.

« Quand on redescend dans la pittoresque
capitale de l'ancien Comtat, on aime à parcou-
rir ses rues sombres et étroites aux maisons
quasi-orientales qui tournent le dos au passant,
n'entr'ouvrent pour lui ni fenêtres ni jalousies,
et se barricadent dans les étages inférieurs derrière d'énormes grilles rebondies dont l'aspect
effrayerait les voleurs les plus déterminés. Il
n'est pas une seule de ces maisons jaunâtres
qui ne semble cacher dans ses muettes profon-
deurs une énigme, un mystère. L'imagination
du poëte peut se donner carrière...

« Du reste, Avignon tout entier n'a pas cette
physionomie. Le quartier marchand et la grande
place centrale rachètent par la gaîté et la vie
ce qui leur manque d'ombre et de silence mo-
nacal. Chaque jour, hélas ! Avignon se déman-

tête de ces beaux remparts d'un ton si chaud et
si splendide qu'on les dirait arrachés de quelque vieille toile du Pérugin, ou mieux encore,
rapportés de Palestine tout d'un bloc par quelque lord Elgin du temps des Croisades.

« Une autre merveille qui se détériore tous
les jours, c'est le Palais des Papes qui domine
la ville. La grandeur de cet édifice bâti sur le
roc, son élévation, son imposante majesté, ses
tours, l'épaisseur de ses murs, ses créneaux, ses
ogives, tout cet ensemble colossal étonne le
voyageur. Malheureusement ses vastes salles,
jadis armoriées et resplendissantes d'objets
d'art, sont aujourd'hui occupées par des soldats.
Ce Palais, où tant d'actes importants se sont ac-
complis dans l'espace de cent années, est devenu une caserne! La foi a fait place à la force;
la tiare a été détrônée par le sabre.

« O barbares que nous sommes ! nous avons
un édifice unique par sa majesté, par les souvenirs qu'il rappelle, et nous en faisons une
caserne, quand nous ne pouvons plus en faire
une prison !...

« Quant au fameux « Pont d'Avignon, » ce
qu'il en reste est toujours à la même place...
On a jeté à côté une mince passerelle suspendue

qui fait une assez triste mine sur ce large fleuve
et en face de ces fiers remparts qui furent tant
de fois assiégés et défendus. »

Tout n'est cependant pas en ruines dans Avignon, et beaucoup de monuments ont échappé
dans son sein à l'action dévastatrice du temps et
à l'action plus dévastatrice des hommes.

Mais s'il est peu de villes dont l'aspect soit
plus saisissant, il en est peu aussi qui disent
plus au cœur d'un chrétien. Ses tours, ses dômes,
ses clochers, tout en lui donnant cette physionomie particulière qui enchante l'artiste et le
voyageur, évoquent aux regards du pèlerin catholique le souvenir d'une époque qui mar-
quera à jamais dans les fastes de l'Église.

Et quand de l'inspection de ces murs crénelés
que la main des Souverains Pontifes éleva autour
d'elle au XIVᵉ siècle, on passe à la visite des
édifices religieux, qu'elle renferme, on en vient
à lui appliquer, sans craindre d'être contredit,
cette parole du Psalmiste, que le *Seigneur
chérit les portes de Sion plus que toutes les
tentes de Jacob*, et l'on comprend alors que ce
n'est pas à tort qu'on *raconte d'elle des choses merveilleuses*, comme de *l'antique cité de
Dieu.*

Pénétrons donc dans cette ville où le Seigneur lui-même a imprimé d'une manière si ineffaçable la trace de ses pas. Entrons dans son tabernacle ; nous l'adorerons aux lieux où reposèrent ses pieds, aux lieux où il fit briller autrefois la puissance du Vicaire de son Christ, et nous nous arrêterons à l'endroit où repose l'Arche de sa sanctification, où les eaux, tremblant à sa vue, interrompirent leur cours pour lui faire un passage.

I

DE LA GARE AUX PÉNITENTS GRIS.

Le premier sanctuaire qu'on rencontre à Avignon, en sortant de la gare du chemin de fer, se trouve sur la gauche, en face de la caserne des Pontonniers. C'est

L'ÉGLISE DE SAINT LOUIS.

Fondée en 1601, grâce à la munificence de Mme d'Ancezune, et dédiée à S. Louis, roi de France, elle est construite, à peu de choses près, sur le plan de *S. André du Quirinal.* Elle est surmontée d'une coupole dont trois pendentifs sont encore ornés des fresques du frère Attiret, mort à Pékin, en 1768, peintre de l'empereur de la Chine. Elle était attenante au Noviciat des Jésuites où se sont succédé depuis 1769 des religieuses Dominicaines, des militaires Invalides et les pauvres de la Charité. Dans sa nef reposent, entre autres personnages illustres, le cardinal Jean Gomez de Barosso, évêque de Carthagène (Espagne), et le P. Jean Croiset, auteur de la *Vie des Saints,* de l'*Année chrétienne* et de nombreux ouvrages ascétiques de renom

Presque en face de S. Louis, sur la grande rue, une flèche gothique et trois ou quatre arceaux d'un cloître ogival attirent les regards. Ce sont là les restes d'un collége de Bénédictins, fondé, en 1363, sur l'emplacement du Palais des Rois de Majorque, par le Bienheureux Pape Urbain V qui siégeait alors à Avignon, et sous le vocable de

SAINT MARTIAL.

L'église de ce Monastère subsiste en grande partie, et on peut, de la rue Calade qui la longe, admirer les immenses fenêtres de son abside dont les meneaux sont formés par une *fleur de lis sans fin*. Elle n'a plus été rendue au culte depuis la Révolution française, elle est affectée à des cours publics de physique et de chimie. Sous ses voûtes cependant reposent encore le cardinal Pierre de Cros, archevêque d'Arles; le cardinal Jean de la Grange, évêque de Frascati; Jean Fabri, évêque de Chartres; Jacques de Causans, abbé de Cluny, et trois généraux de cet ordre : Gaspard de Simiane, Claude de Laurent et Claude de Guise.

A deux pas de Saint Martial, s'ouvre sur la gauche

LA PLACE DU CORPS-SAINT,

Ainsi appelée, parce que, au XIVᵉ siècle, le bienheureux cardinal Pierre de Luxembourg choisit sa sépulture dans le cimetière Saint-Michel qui la terminait. Son tombeau glorieux donna naissance à

L'ÉGLISE DES CÉLESTINS.

Bâtie en 1393, sur le terrain qui servait de cimetière à la population avignonaise au temps de la domination romaine, elle eut pour fondateurs l'anti-pape Robert de Genève, Charles VI, roi de France, Louis d'Anjou, roi de Sicile, et Amédée VII, duc de Savoie. Elle ne fut jamais entièrement achevée, et sa façade abrupte étale encore des commencements d'arcades et des pierres d'attente. Une seule de ses nefs (la principale), dont l'abside est décorée de sculptures magnifiques, n'a cessé de servir aux exercices du culte ; les trois autres, malgré la richesse de leur ornementation, sont consacrées à des usages profanes. Le couvent des Célestins, en effet, après avoir été affecté pendant près de cinquante ans aux soldats invalides, a été transformé, depuis 1853, en pénitencier militaire.

Les Papes Martin V, Paul III, Clément VII et
Benoît XIII, le roi Louis XIV, le bon roi René
d'Anjou, Jean Galéas, duc de Milan, furent ses
plus insignes bienfaiteurs. Le fameux général
Le Meingre de Boucicaut et le célèbre chancelier Gerson y firent un assez long séjour. L'anti-
pape Robert de Genève, dix cardinaux et sept
archevêques ou évêques voulurent être inhumés
sous ses voûtes, auprès du tombeau du bienheureux Pierre de Luxembourg. Dans la crypte de
l'ancienne église Saint-Michel (aujourd'hui le
café Luxembourg) coule encore la source qu'on
découvrit, en 1527, à côté du tombeau du bienheureux Pierre : son eau, pure et limpide, est
bue avec dévotion par les personnes qui sont
atteintes des fièvres d'accès.

———

De la place du Corps-Saint, en se dirigeant
par la rue des Lices, l'on rencontre :

1° A gauche, toutes les maisons portant le
n° 21, qui formaient, à la fin du dernier siècle, le
couvent, où le vénérable Jean Yvan, saint prêtre provençal, fonda, en 1643, les religieuses
Augustines de la Miséricorde ;

2° En face, la maison n° 2 de la rue Portail-

Magnanen, qui était autrefois la chapelle de *N.-D.-de-Salut*, fondée, en 1348, par la reine Jeanne de Naples ;

3° La rue du *Portail-Magnanen*, à l'extrémité de laquelle s'élève le couvent des sœurs Tertiaires de saint François d'Assise , plus connues sous le nom de *Sœurs de la Corde* et vouées à la garde des malades à domicile. Leur maison et leur chapelle de construction récente (1857) sont d'architecture gothique et n'ont d'autre ornement que la fraîcheur de leurs bâtisses et la pureté de leurs lignes ;

4° Entre la place du Corps-Saint et le Portail-Magnanen, il y a la rue Barracane dont tout le côté méridional formait, au dernier siècle, la *Société de Jésus-Marie-Joseph-Bruno*, où les prêtres âgés et infirmes trouvaient un asile, et les hommes faits un lieu de pieuse récréation ;

5° La *Caserne communale*, qui était, il y a trente ans à peine, l'*Aumône générale*, hospice fondé en 1541 pour les vieillards, les indigents et les enfants trouvés, et dont les bâtiments, comme l'indique une inscription, encore visible de la rue, furent achevés en 1754, grâce soit à la générosité publique, soit à la munificence du Pape Benoît XIV ;

6° L'ancienne Église du *Verbe incarné*, bâtie en 1703 et transformée, hélas! avec le couvent qui s'y adossait, en magasins et en remises, et dans lequel, en 1639, furent établies les religieuses du *Verbe incarné*, sous la conduite de la vénérable servante de Dieu, Jeanne de Matel, leur fondatrice.

Puis l'on arrive au

COLLÉGE SAINT-JOSEPH.

Cet établissement, dont la réputation s'étend au loin et qui compte près de cinq cents étudiants, fut fondé, en 1849, par une association de pères de famille dans le but de donner aux enfants une éducation vraiment chrétienne. Il est dirigé par les RR. PP. Jésuites. De grandes constructions y sont en ce moment poussées avec activité et en feront un édifice vraiment monumental.

Son Église, construite en 1866 et placée sous le patronage de saint Joseph, renferme, outre plusieurs tableaux de maîtres, le corps du jeune martyr saint Just tiré des catacombes de Saint Cyriaque à Rome, en 1845, par l'ordre exprès de Grégoire XVI, et le genou droit du saint berger Bénézet dont nous aurons plus tard à parler.

Le collége Saint-Joseph occupe l'emplace
ment du couvent des *Cordeliers*, qui fut détrui
au commencement de ce siècle et dont il rest
encore le clocher découronné et une chapell
gothique.

Cette chapelle, que les RR. PP. Jésuites on
depuis 18 ans rendue au culte, est très-élégant
et très-dévotieuse. C'est sous ces voûtes que, le
21 novembre 1372, le Pape Grégoire XI institua
la fête de la Présentation de la sainte Vierge
Dans sa première travée repose le cardinal Ber
trand de Poyet, évêque d'Ostie et neveu du
Pape Jean XXII.

Le couvent des Cordeliers, fondé en 1227
était un des plus beaux de la ville. Son église
très-grande et très-régulière, renfermait la
tombe d'un antipape, de 54 cardinaux, de 18 évê
ques, de la belle Laure, du chevalier Folard
du peintre Pierre Parrocel et d'un bon nombr
des plus illustres familles du pays, telles qu
celles des Crillon, des Cambis, des Perussis, de
Doni, des Ricci, des Sade, des Caumont et de
Baroncelli.

Le 2 mars 1284, le bienheureux Bonagra
cia, général de l'Ordre de saint François, étai
mort dans ce couvent et y avait été enterré.

Après le collége Saint-Joseph, on tourne dans la rue des Teinturiers : un de ses côtés est occupé par un canal dont les eaux, dérivées de la Fontaine de Vaucluse, prêtent leur mouvement à la plupart des usines et des fabriques de la ville.

La maison qui ouvre cette rue à droite et fait saillie sur la voie publique, était, au moment de la Révolution française, la chapelle dite de *N.-D.-du-Portail-Peint*, que la reine Jeanne de Naples fit bâtir en 1348, — que le cardinal de Richelieu visita souvent, de 1617 à 1621, pendant son exil à Avignon,—et où la reine Anne d'Autriche, mère de Louis XIV, se rendit en pèlerinage au mois de mars 1660.

C'est en recueillant ces précieux souvenirs sur son passage qu'on arrive à la miraculeuse église de la dévote et royale Confrérie des Pénitents gris. Comme la violette qui cherche à se cacher dans l'ombre, mais qui se trahit par son odorant parfum, cet auguste sanctuaire se dérobe aux regards sous les arbres verts qui bordent le lit de la rivière ; mais un modeste campanile le fait deviner à cent mètres de ses murailles, et, avant d'y mettre le pied, on *reconnaît Dieu de toutes parts*, pour nous servir d'une expression de Châteaubriand.

L'ÉGLISE DES PÉNITENTS GRIS

Cette Église est certainement un des plus augustes monuments de la chrétienté, un des plus vénérables, un des plus dignes du respect et des hommages du monde catholique. Sous ses voûtes, en effet, le Ciel s'est plu à unir les miracles de la loi ancienne aux prodiges de la loi nouvelle, si bien que l'on peut dire en toute vérité de son étroite enceinte qu'elle est le trait d'union entre l'Ancien Testament et le Nouveau.

Mais en dehors de la ville d'Avignon, combien y a-t-il de personnes qui aient visité ce sanctuaire, combien qui en aient entendu parler, combien même qui en soupçonnent l'existence ? Aussi peut-on lui appliquer avec justesse cette parole de l'Évangile : *Il y en a un au milieu de vous que vous ne connaissez point !*

On y arrive par un petit pont de pierre jeté sur le canal. Sa porte, dont quelques motifs d'ordre ionique font tout l'ornement, est surmontée d'une simple croix devant laquelle sont représentés deux Pénitents en prière, et cette modeste et pieuse inscription peinte sur un

panneau : *Per lignum servi facti sumus, —
Per sanctam crucem liberati sumus* (1), com-
plète toute sa décoration.

L'église est très-irrégulière dans ses disposi-
tions comme dans son architecture; mais tout y
porte au recueillement, tout y commande le respect. Un long vestibule au plafond lambrissé
l'isole de la rue et conduit à une petite rotonde
de style corinthien qui renferme l'humble chapelle de la *Confrérie des Vignerons*, dite com-
munément de N.-D.-de-*Bon-Corfort*, et placée
sous le vocable de la Purification de la sainte
Vierge.

Cette rotonde s'ouvre elle-même sur une nef
hexagonale, voûtée en arc de cloître entrecoupé
d'une multitude de nervures formant les dessins
les plus variés. Deux autres nefs à voûte ogivale en partent, l'une vers le couchant où elle
est terminée par l'autel de N.-D.-de-Délivrance,
l'autre vers le Nord plus élancée, plus spacieuse,
qui aboutit au maître-autel. Formé de marbres
rares et précieux, cet autel est placé à l'entrée de
l'abside. Au milieu de la *Gloire* en métal doré et

---

(1) « C'est par le bois que nous avons été réduits à
l'esclavage ; c'est par la sainte Croix que nous avons
été rendus à la liberté. »

ciselé. qui le couronne, le Très-Saint Sacrement
demeure, tous les jours de l'année, continuelle-
ment exposé aux adorations des fidèles.

Mais quelle est l'origine d'un si grand privilége dont la vue remplissait d'un saint enthou-
siasme et le bienheureux Joseph Labre, pieux
visiteur de cette église, et le vénérable Gabriel
de Vidau, recteur de cette dévote Confrérie ?
Un pieux écrivain du siècle dernier, le chanoine de Véras (1), va nous le dire :

« Les Albigeois s'étant emparés de la ville
d'Avignon, qui appartenoit pour lors à Raymond VI, comte de Toulouse, qui soutenoit
leur party, Louis VIII, roy de France, surnommé
le *Lion*, père de Louis IX, dit le *Saint*, à la sol-
licitation du Pape, se mit en état de les en
chasser. Il mit pour cela le siége devant cette
ville, le 14 juin 1226, qui se défendit fort vail-
lamment et qui capitula le 8 septembre suivant.

« En suite de la reddition de cette ville, le
Roy résolut de rendre grâce au Seigneur et de luy
faire amende honorable dans une chapelle pour
lors hors des murs de la ville, dédiée à la sainte

(1) *Epitaphes et Inscriptions d'Avignon*, recueil de
l'abbé de Véras, 1750. M S. de la bibliothèque d'Avignon, in fol. p. 313 et suiv.

Croix, accompagné du cardinal Romain de Saint-Ange , légat du Pape Honorius III et ensuite grand pœnitencier de Grégoire IX, en 1227.

« Le 14 septembre, jour de l'Exaltation de la sainte Croix, fut le jour qu'on choisit pour faire une procession générale, à laquelle le Roy, le Cardinal et les principaux de la ville assistèrent, revêtus d'un sac gris ou habit de toile couleur de cendre, ceints d'une corde, la torche à la main et la tête nue. Pierre de Corbie, religieux de Cluny, grand prédicateur, qui était à la suite du Roy et qui venoit d'être nommé par le Cardinal à l'évêché d'Avignon vacant depuis quelques années, porta le Très-Haut de l'église cathédrale dans cette chapelle, pour y réparer tous les outrages faits à l'adorable Sacrement des autels et à la sainte Croix par lesdits Albigeois.

« Ce fut pour lors que commença la Compagnie des Pœnitents Gris, dont l'établissement est le plus ancien de tout le monde (1), celle

(1) Un autre écrivain avignonais du dernier siècle, le docte marquis de Cambis-Velleron, ajoute à ce propos : « Cette dévote Confrérie a donné naissance à toutes celles qui se sont établies dans la chrétienté, puisque,

de Rome n'ayant été établie que 20 ans après. Le Roy, le Cardinal et les plus distingués de la cour, de l'armée et de notre ville, se firent en même temps inscrire au catalogue des confrères de cette naissante Compagnie, dont le Roy se déclara le fondateur.

« Le Saint-Sacrement resta exposé nuit et jour dans cette chapelle par ordre du Cardinal-légat pendant une année, pour que les habitants de la ville pussent satisfaire à la pénitence qu'il leur avoit imposée d'y aller réciter tous les vendredys les sept pseaumes.

« Ce terme étant expiré, beaucoup de confrères, pleins de ferveur et de piété, voulurent faire par dévotion ce à quoi ils n'étoient plus obligés ; ils continuèrent leurs édifiantes pratiques de piété et de mortification dans cette chapelle, et l'évêque d'Avignon permit que le Très-Haut y restât encore exposé nuit et jour pour satisfaire à leur zèle ; il leur prescrivit même des règles que le Cardinal-légat confirma. Les évêques d'Avignon qui vinrent après, accordèrent le même privilége, et les souverains ponti-

suivant l'opinion de Varillas, les plus anciennes ne sont que depuis l'an 1234, et, selon le P. Maimbourg, depuis l'année 1260. »

fes Clément V, Jean XXII, Benoît XII, Clément
VI, Innocent VI, Urbain V et Grégoire XI, qui
tous sept siégèrent dans Avignon, au siècle suivant, l'approuvèrent de vive voix et par leurs
fréquentes visites au Très-Haut en cette chapelle (1) ; ce qui n'a jamais discontinué du depuis d'être exposé nuit et jour pour satisfaire à
la dévotion des fidelles et pour accroistre leur
ferveur (2).

« On appella ces Pœnitents, peu après leur
établissement, les *flagellés gris*, à cause des
sanglantes disciplines qu'ils alloient prendre
dans cette chapelle tous les vendredys de l'année
pour expier la faute d'avoir donné retraite à l'er-
reur.

« Le Seigneur manifesta sa puissance et sa
gloire dans ce saint lieu, le 30 novembre 1433,
par le miracle étonnant qui y arriva, à l'occasion d'une terrible inondation qu'il y eût à Avignon. Les eaux y étaient parvenues jusques à la

(1) En 1761 Clément XIII approuva de nouveau le
privilége de l'exposition continuelle et lui fit une fondation de deux cierges.
(2) L'exposition du Très-Saint Sacrement dans ce
sanctuaire s'est perpétuée jusqu'à nous, c'est-à-dire
pendant 450 ans, sans autre interruption que celle qui
fut causée par la Révolution de 1789 et le premier Empire.

hauteur de quatre pieds, et, le prêtre voulant ôter le Saint-Sacrement, on vit les eaux, semblables à celles de la Mer Rouge, s'élever en forme de mur, laissant le milieu de la chapelle à sec, procurer par là un passage libre pour transporter le Saint-Sacrement. »

Voici, du reste, la teneur du procès-verbal qui fut dressé à cette occasion et qui était autrefois conservé dans les archives de la Confrérie :

« Miracle feust grand en ceste saincte chappelle lors de l'inondation.

« L'an MCCCCXXXIII commencerent les eaux très-fort par un lundy matin XXIX novembre, et creurent ce Vespre-là tant qu'elles entrerent en ceste chappelle, et en la porte superieure de l'autel, dessoubs laquelle estoient tous les libvres de papier et pargemin, les vestemens, les touailles et tous les reliquaires qui ne furent point mouillez aulcunement par la volonté de Dieu, nonobstant que ce jour-là, qu'estoit un mardy, les eaux ne cessassent de croistre, et le lendemain commencerent à descroistre, tant que tout feust escoulé le jeudi matin à l'heure de Prime.

« A laquelle heure vindrent beaucoup de gens, à la teste desquels estoient maistre Armand et maistre Jean de Pouzilhac-Faure, maistres de ceste devote Confrerie, et trouverent ce beau et grand miracle :

« De la part des deux paroys, dextre et senestre, estoient les eaux de quatre pans de hault, tant que les coffres où estoient les habits de la Discipline en ce tems là, furent mouillez, nonobstant que l'eau estoit plus haulte de deux pans vers la paroye que les bancs. Et là venoit ladicte eau en pendant comme faict une taulisse.

« La moitié des bancs de vers la paroye feurent pleins d'eau, et l'aultre moitié n'estoit point mouillez, tant qu'au milieu de la nef de ladicte chappelle il n'y avoit point d'eau, mais estoit tout sec et aussi devant l'autel par miracle de Jésus-Christ.

« Nous aultres qui estions bien douze Pénitens suivis de beaucoup de gens, vismes tous ce miracle, et pour en estre plus certains, nous allasmes quérir quatre frères Mineurs de l'Ordre de saint Françoys, desquels trois estoient docteurs en théologie et l'aultre bachelier, et firent la preuve et trouvèrent le banc de vers la paroye tout mouillé, et l'autre moitié du banc estoit resté sec.

« Avec des cousteaux nous cavasmes icelle

moitié dudict banc et la trouvasmes naturelle-
ment seiche ainsi dedans comme dehors.

« En foy de ce, avons signé.

(Suivent les signatures)

L'anniversaire de ce prodige, unique dans les
annales du Christianisme, est célébré tous les
ans, le 30 novembre, par une cérémonie toute
spéciale. Les Pénitents gris vont à la sainte Table
pieds nus, la corde au cou, la tête à demi voilée
de leur capuce et se traînant sur leurs genoux ;
le soir, avant la bénédiction du Très-Saint Sa-
crément, ils chantent le cantique qu'entonna
Moïse après le passage de la Mer Rouge : *Can-
temus Domino; gloriose enim magnificatus
est.*

En outre, tous les 25 ans, l'année du Jubilé,
ils honorent la sainte Eucharistie par une procession solennelle à laquelle les confréries qui
leur sont affiliées accourent de tous les environs.
Touchant souvenir de cette procession qui eut
lieu, en 1226, sous la présidence du cardinal de
Saint-Ange et en présence du roi Louis VIII !

Le 11 mars 1817, Pie VII a accordé, aux conditions ordinaires, à tous les fidèles qui visite-
ront l'église des Pénitents Gris, une Indulgence

plénière le dimanche dans l'Octave de la Fête-Dieu, le jour de l'Invention de la Croix (3 mai), le jour de la Nativité de la Ste-Vierge (8 septembre), le jour de l'Exaltation de la Croix (14 septembre), et le jour anniversaire du grand miracle de la séparation des eaux (30 novembre). Le même Pape accorda encore sept ans d'indulgences et sept quarantaines chaque fois à quiconque visitera cette église et y priera quelques instants.

Quoiqu'elle soit déchue de son ancienne splendeur, grâce à la Révolution française, l'église des Pénitents Gris n'en offre pas moins à l'admiration des visiteurs de véritables richesses, au point de vue de l'art, en fait de marbres et de tableaux. Mais ces trésors artistiques disparaissent devant la sainteté du lieu, et c'est le cas de répéter avec l'Écriture que la gloire de Dieu y éblouit et y efface tout ce qui n'est pas elle.

Le *Noviciat des Capucins*, fondé en 1669, formait toute l'île de maisons qui s'étend entre l'extrémité de la rue des Teinturiers, la rue des Clés et la Porte Limbert. Son église a fait place, il y a dix ans à peine, à une maison bourgeoise.

II

DES PÉNITENTS GRIS A NOTRE-DAME-DES-DOMS

Après avoir adoré le Dieu caché sous les voiles eucharistiques à l'endroit même où, par un prodige ineffable de sa toute puissance, il attesta si hautement la réalité de sa divine présence sur les autels, on peut aller s'agenouiller encore sur les dalles d'un temple où, d'heure en heure, sans interruption, le jour comme la nuit, des filles spirituelles du grand saint Dominique se succèdent devant le sacré Tabernacle. Nous voulons parler de

L'ÉGLISE DU SAINT-SACREMENT.

Elle déploie sa belle façade au milieu de la rue Philonarde, en face de la Place Pignotte. Élevée en 1632, aux frais et par les soins de Marius Filonardi, archevêque d'Avignon, elle était jadis attenante au couvent des Visitandines qui fut fondé en 1624, du vivant de sainte Jeanne-Françoise de Chantal, leur fondatrice, et qui était le 17ᵉ de leur Ordre par rang de

3

date. Elle sert, depuis 1807, aux Dominicaines de l'Adoration perpétuelle du Très-Saint Sacrement, dont l'institut, établi à Marseille, en 1659, par le P. Antoine Lequieu, reçut, en 1693, l'approbation solennelle du Pape Innocent XII.

Cette église avait jadis le corps de saint Alexandre, un des fils de sainte Félicité : elle conserve aujourd'hui des reliques plus ou moins considérables de 200 saints.

Le 5 mai 1666, le vénérable serviteur de Dieu, Claude de la Colombière, religieux de la Compagnie de Jésus, celui qui fut donné par le Sauveur lui-même à la bienheureuse Marguerite-Marie Alacoque pour son coopérateur dans l'œuvre de l'établissement de la dévotion au Sacré-Cœur, prononça sous ses voûtes le panégyrique de saint François de Sales, à l'occasion des solennités de la canonisation de ce grand évêque.

C'est dans cette même église que, le 4 novembre 1721, Mgr de Gontieri, à l'exemple de Mgr de Belsunce, fit un vœu solennel au Sacré-Cœur de Jésus pour sa ville métropolitaine en proie aux horreurs de la peste. Comme l'évê-

que de Marseille, l'archevêque d'Avignon fut
exaucé.

Immédiatement après l'église du Saint-Sacrement, et tout auprès d'elle, il s'élève deux
autres églises dans la rue Philonarde :

La première, en style renaissance, dédiée
au Saint Nom de Marie, est l'église de la *Congrégation des Hommes* que dirigent les RR.
PP. Jésuites et qui fut instituée, en 1734, à
l'issue d'une mission prêchée par le fameux
Père Bridayne. Cette église, qui date de 1757,
a entendu plusieurs fois les accents du célèbre
Père de Mac-Carthy, l'un des premiers orateurs
de notre siècle.

L'autre, de construction récente et de style
gothique, est l'église de la maison-mère des religieuses de l'*Immaculée-Conception*, dont
l'institut, fondé à Piolenc (Vaucluse), en 1804,
par l'abbé d'Hugues, curé de cette paroisse, a
pour but l'éducation des jeunes filles, et compte,
à cette heure, 27 maisons dans le diocèse d'A-
vignon et deux dans celui de Nîmes.

De la rue Philonarde, en traversant le Portail Matheron, on entre dans la rue de l'Hôpital près de laquelle le monastère du *Bon-Pasteur*, soutenu par la charité publique depuis 36 ans, s'ouvre à toutes les bonnes œuvres et vient en aide à toutes les infortunes.

On trouve encore, dans la même rue, le Noviciat des Frères des Écoles Chrétiennes qui occupe l'ancien couvent des *Augustins Réformés*, bâti en 1610. Son église, qui est dédiée à N.-D. de Consolation, et qui finira tôt ou tard par être rendue au culte, renferme la sépulture de l'infortunée Mᵐᵉ de Ganges, dont la fin tragique marqua si tristement dans le Bas-Languedoc la dernière moitié du XVIIᵉ siècle.

Derrière le Bon-Pasteur, dans les vastes prairies de *N.-D.-des-Sept-Douleurs* qui se trouvent à l'intérieur de la ville, étaient autrefois l'église et le couvent des Observantins bâtis en 1639. Transformés d'abord en corderie, ils sont devenus une maison bourgeoise.

A deux pas de là, on aperçoit la vaste et élégante façade de

L'HOPITAL SAINTE MARTHE.

Ce magnifique établissement fut fondé, en 1354, par Bernard de Rascas, gentilhomme limousin, et cousin des Papes Clément VI et Innocent VI, qui en confia le soin aux religieux de la Sainte-Trinité. Sa façade, due à un architecte avignonais nommé François Franque, commencée en 1743 et achevée en 1747, ne mesure pas moins de 175 mètres de longueur.

Les religieuses hospitalières de St-Joseph de la Flèche le desservent depuis 1671 : leur gracieuse petite église date de 1755.

On vénère dans ce sanctuaire, entre autres reliques, une jambe du bienheureux Pierre de Luxembourg, de la chair de saint Bénézet, et des ossements des martyrs saint Félicissime, saint Magne et saint Libérat, etc.

———

De l'Hôpital on débouche par la rue Muguet dans la grande rue Carretterie, au *bivium* où une croix de fer, placée sur une colonne en pierre et connue du peuple sous le nom de *Belle Croix*, rappelle qu'en 1418, le cardinal

Pierre de Foix, archevêque d'Arles et légat d'Avignon, fit élever sur son emplacement un monument en l'honneur du signe auguste de notre Rédemption pour remercier Dieu de l'extinction du grand schisme d'Occident et perpétuer le souvenir d'un événement aussi considérable. Abattue en 1793, elle a été relevée le 3 mai 1807.

En face de la *Belle Croix*, était l'église des *Pénitents Rouges*, bâtie, en 1700, presque à l'entrée de la rue Muguet.

Dans la rue Carreterie, il y avait autrefois le couvent et l'église des *Grands Augustins* dont le clocher seul a survécu au vandalisme des Septembriseurs. (Les Augustins s'étaient établis à Avignon en 1261.) François Ier, en 1516, et Henri III, en 1574, y avaient tenu les États du royaume de France ; le cardinal Pierre Corsini, évêque de Porto, et Alphonse de Gondi, intendant de la reine Catherine de Médicis, étaient enterrés dans leur chœur, et les Pénitents Noirs avaient, en 1486, élevé près de leur cloître une église en l'honneur de la Nativité de saint Jean-Baptiste.

La chapelle votive de *N.-D.-la-Belle*, qui existait déjà au XIVe siècle, était adossée au couvent des Augustins, du côté du Portail Matheron, à l'entrée de la rue de l'Hôpital.

Presque en face étaient le couvent et

L'ÉGLISE DES CARMES.

La façade et la grande porte de ce monastère fondé en 1267 sont intactes ; malheureusement, malgré leur splendide architecture, elles servent, depuis 1793, d'entrée à une remise d'auberge.

Mais son église n'a pas cessé d'être affectée au culte divin depuis le Concordat de 1801. L'autorité ecclésiastique y transporta alors le titre de l'ancienne paroisse de St-Symphorien, et elle est aujourd'hui la quatrième église paroissiale de la ville. Commencée au XIVe siècle, mais achevée en 1562 seulement, elle a été desservie durant cinq cents ans par des religieux illustres, dont six ont été élevés à l'épiscopat, et dont trois ont été mis sur les autels : saint Pierre Thomas, saint André Corsini et le bienheureux Jean Soreth. Des nombreuses reliques qu'elle renfermait autrefois il ne lui reste plus que le crâne de saint Théodore martyr, la mâchoire inférieure de sainte Fortunale et une jambe de saint Constantin, martyr.

———

Les *Pénitents Bleus* avaient adossé, en 1547, leur église de N.-D. de Pitié contre le cloître des Grands Carmes.

Les Petits Carmes, ou *Carmes Déchaussés*, établirent, non loin de là, vers 1608, sous le titre de St-Joseph, dans la rue Palapharnerie, le premier couvent de leur Ordre en France.

L'emplacement de ce monastère est occupé, depuis 1826, par le pensionnat des *Dames du Sacré-Cœur*, dont la nouvelle église, dédiée à saint Jean l'Évangéliste, renferme, entre autres reliques insignes, le corps de saint Éliodore, martyr.

On y vénère encore un bras de saint Liélume, martyr; un bras de saint Primitif, martyr; un *femur* de saint Adrien, martyr; un *femur* de saint Sévère, martyr; un bras de saint Anselme, martyr; un bras de sainte Victoire, martyre; une partie de la tête de sainte Constance, martyre; une jambe de sainte Faustine, martyre; la mâchoire de saint Janvier; les os de la poitrine de sainte Eme-

rentienne ; les côtes de sainte Aurélie ; les en-
trailles de saint Émilien ; deux doigts de saint
Licinius ; une partie de la tête de sainte Hi-
larie ; une jambe de saint Honorat ; une jambe
de saint Fauste ; un bras de saint Prosper ; un
bras de saint Constant ; une jambe de saint
Clément ; une épaule de saint Victor ; une
épaule de saint Félix, etc.

En face du Sacré-Cœur, sur la Place du
Grand-Paradis, on voit les restes de l'Église
des *Pénitents Violets* dont la confrérie fut fondée en 1662. Et dans le voisinage, à côté du
bâtiment des Prisons, s'élève encore

L'ÉGLISE DES PÉNITENTS NOIRS

DE LA MISÉRICORDE.

C'est un véritable bijou, un écrin, pour
mieux dire : tableaux de maîtres, marbres précieux, riches sculptures, tout y a été réuni en
l'honneur de la Décollation de saint Jean-
Baptiste, patron d'une confrérie à qui son dé-
vouement pour les prisonniers et les condam-
nés à mort valut, au XVIIᵉ siècle, de la part
des Souverains Pontifes, l'insigne privilége

d'arracher tous les ans au dernier supplice un malheureux frappé par la justice humaine.

Cette confrérie, fondée en 1586, est affiliée, depuis 1609, à l'archiconfrérie qui, à Rome, exerce les mêmes œuvres de charité et qui prit naissance à Florence.

Les *prisons*, qui touchent à l'église des Pénitents Noirs, ont pris depuis quatre ans la place de l'asile qu'en 1726, le vice-légat Raynier d'Elci avait fait bâtir pour les aliénés. Elles sont desservies par les religieuses de Marie-Joseph du Dorat, près Limoges.

Dans le voisinage, il y a, d'un côté, la petite chapelle (1) des Sœurs de saint Charles qui desservent le *Bureau de Bienfaisance*, et de l'autre, l'*escalier de Ste-Anne*, qui, par le flanc oriental du Rocher des Doms, sert, depuis des siècles, d'accès à la Basilique Métropolitaine : en 1793, a été démolie l'antique chapelle qui le commandait, dédiée à la Mère de la Vierge Immaculée.

La haute tour du Palais des Papes qui touche à cet escalier fut, en 1432, l'occasion d'un miracle éclatant. Un jeune garçon de 10 ans se

(1) Cette chapelle a été affiliée à la *Santa Casa* de Lorette par Pie IX, en 1862.

laissa choir de son faîte et vint se briser en mille morceaux sur le roc qui lui sert de base. Son père, au lieu de se laisser aller au désespoir, se mit à invoquer la protection du bienheureux Pierre de Luxembourg : surmontant sa douleur, il recueille dans un sac les lambeaux du corps de son fils et va les déposer aux Célestins sur le tombeau du saint cardinal. Sa foi eut immédiatement sa récompense ; car à peine commençait-il à se mettre en prière que le sac s'agitait, et l'enfant en sortait plein de vie aux yeux de la foule accourue sur les pas du malheureux père.

Au commencement de la rue Banasterie dont l'église des Pénitents Noirs occupe l'extrémité, il existait autrefois deux autres églises : 1° celle de la *Congrégation des femmes*, qui fut bâtie en 1735, et qu'illustrèrent les prédications du P. Bridayne, et 2° l'église paroissiale de *St-Symphorien*, érigée en collégiale vers l'an 1591, dont le dernier curé, Antoine de Nolhac, ancien Jésuite, tomba, le 17 octobre 1791, sous les balles révolutionnaires à la *Glacière* du Palais des Papes, martyr de sa foi catholique et de sa fidélité à ses devoirs sacerdotaux.

Dans la rue Ste-Catherine qui est parallèle à

la rue Banasterie, il y avait, sous le vocable de cette sainte martyre, une abbaye de religieuses auxquelles le grand saint Bernard, abbé de Clairvaux, passant par Avignon, en 1149, avait fait embrasser la règle de Citeaux. Leur église, d'un beau style ogival, que le cardinal Hugues de Montrond fit élever en 1402, est encore debout; malheureusement elle est transformée en magasin : elle renferme la sépulture de deux cardinaux et de deux évêques.

MONT-DE-PIÉTÉ

Non loin de là, se trouve le *Mont-de-Piété*, le plus ancien de France et le quatrième par ordre de date dans le monde catholique ; il a été fondé en 1577, juste deux cents ans avant celui de Paris. Il fut placé sous le vocable de *N.-D.-de-Lorette* par ses fondateurs qui composaient la pieuse congrégation de ce nom établie au collége des Jésuites.

Presque en face du Mont-de-Piété, s'élevait autrefois la maison des Pères de *Picpus*, religieux du Tiers-Ordre de St-François. Leur église, bâtie en 1611, et transformée aujourd'hui en magasin à garance, s'ouvrait au commencement de la rue qui porte leur nom. Derrière elle, dans la rue Oriflamme, était une petite chapelle de la sainte Vierge, très-vénérée sous le titre de *Notre-Dame de Consolation.*

Tout près du Mont-de-Piété on voit :

1° Dans la rue Ste-Garde, le *Palais de Justice*, qui était le Séminaire diocésain de l'archevêché d'Avignon et qui fut, depuis 1710, la maison-mère de la Congrégation des prêtres de *Ste-Garde.* (Son église, dédiée à l'Immaculée-Conception, et consacrée en 1785, a été rendue au culte en 1856 et sert de chapelle de secours à l'église paroissiale de St-Pierre.) L'abbé de Salvador, l'un des fondateurs de cette congrégation, y repose.

2° Sur la Place Pie, ainsi appelée parce qu'elle fut créée sous le pontificat de Pie IV, les vestiges de l'ancien couvent de *St-Jean-le-Vieux*, que les chevaliers de Rhodes avaient édifié au XIIe siècle, et qui, devenu en 1599 le berceau de l'Institut des Pères de la Doctrine Chrétienne, vit mour.. dans son enceinte, en 1607, le vénérable César de Bus, leur fondateur. Il en reste une tour, aujourd'hui surmontée d'un horloge, et quelques bâtisses affectées à des écoles communales.

Le côté oriental du couvent des Doctrinalres était formé sur la Place Pie par de belles halles, élevées en 1624, dont un arceau abritait la chapelle de *Notre-Dame-de-Bon-Rencontre* depuis 1754. Halles et chapelle ont disparu, il y a bientôt quinze ans, pour l'agrandissement de la place.

Si, par la rue Petite-Meuse, on se rend à la Place Pie dans la direction du midi, on rencontre :

Dans la rue Hercule, au n° 6, l'ancien palais du bon roi René d'Anjou, qui devint, en 1597, le second couvent d'Ursulines du monde par date de fondation. (On sait qu'en 1596, les Ursulines que sainte Angèle de Merici avait instituées, dès 1535, vivant au milieu du monde, se réunirent pour la première fois en communauté à l'Isle-sur-Sorgue près d'Avignon.) On donnait à ce couvent le nom de couvent des *Royales*, à cause du roi René.

Dans la rue de la Masse : 1° au n° 20, l'ancien couvent des *Religieuses de Ste-Claire*, fondé en 1231, dont l'église est aujourd'hui détruite de fond en comble, et où fut élevée, en 1274, sainte Roseline de Villeneuve, religieuse de l'ordre des Chartreux, et 2°, au n° 7, l'hôtel des *Ducs de Crillon* dont la chapelle jouissait, d'après une concession du pape saint Pie V, des priviléges de la chapelle papale, en reconnaissance de la part que le *Brave des Braves* avait prise, en 1570, à la célèbre bataille navale de Lépante gagnée par l'armée chrétienne sur les Musulmans.

De l'Hôtel Crillon on aperçoit la troisième église paroissiale de la ville,

L'ÉGLISE SAINT-DIDIER

C'est sous les voûtes de cette église qu'en 1371, fut canonisé saint Elzéar de Sabran, et qu'en 1509, fut institué le culte public et liturgique des saints Anges Gardiens. — Sainte Roseline de Villeneuve-des-Arcs y fit, en 1272, vœu de chasteté, et la bienheureuse Ursuline de Parme y vint, en 1391 et en 1393, demander à Dieu l'extinction du schisme d'Occident.

Fondée au VIIᵉ siècle par saint Agricol, elle a subi diverses modifications jusqu'en 1355, époque où le cardinal de Blauzac, pour se conformer aux dernières volontés du cardinal de Deulx, son oncle, la fit réédifier telle qu'on la voit aujourd'hui, et la fit dédier au Saint Sauveur en même temps qu'à saint Didier de Langres, son ancien titulaire.

Elle renferme la sépulture de ces deux princes de l'Église, — celle de Philippe de Vitry, évêque de Mende, — celle de Louis-Alphonse de Suarez, évêque de Vaison, — celle du célèbre Père de Ligny, jésuite, l'historien de la *Vie de N.-S.-J.-C.*, etc.

Un des chanoines de cette église (car elle était autrefois collégiale) eut l'honneur de s'asseoir, en 1591, sur la chaire de Saint-Pierrre : c'est le pape Innocent IX.

On vénère à Saint-Didier le corps de saint Victor martyr tiré des Catacombes, — la tête et un pied de saint Bénézet, — une portion du corps du bienheureux Pierre de Luxembourg, — la mâchoire inférieure de saint Pierre Célestin, — la tête de saint Sixte II, etc.

———

De Saint-Didier on passe, par la rue des Fourbisseurs, à la chapelle des *Sœurs de Saint-Eutrope* où l'on vénère le corps de saint Rufin martyr, tiré des Catacombes de Rome.

Les Sœurs de Saint-Eutrope se vouent à l'éducation des jeunes filles de la classe moyenne. Leur institut, qui s'est toujours borné à cette seule maison, fut fondé, en 1670, par l'abbé

Alexandre, chanoine de Saint-Didier, avec l'approbation de Mgr Libelli, archevêque d'Avignon.

Les Sœurs de Saint-Eutrope avaient autrefois, non loin de là, leur monastère dans la rue Trois-Faucons : c'était un ancien collége bénédictin dépendant de l'Abbaye de Montmajour-lez-Arles. Il donnait en partie sur la petite place des Études, ainsi dénommée parce qu'elle s'ouvrait devant le local affecté aux cours de l'Université d'Avignon, la sixième de l'Europe par ordre de date, fondée qu'elle fut, en 1205, par Charles II, roi de Naples.

Entre le couvent de Saint-Eutrope et l'église Saint-Didier, il y a, transformée en magasin, l'église des *Antonins* qui date de 1290 et qui renferme la sépulture du fameux Alain Chartier, dit le *père de l'Histoire de France.* C'est dans cette église que se fit un miracle insigne, pendant les obsèques du bienheureux Pierre de Luxembourg, le 5 juillet 1387.

Tout près de Saint-Eutrope on voit

L'ÉGLISE DES PÉNITENTS BLANCS.

On l'appelait autrefois *Notre-Dame-la-Principale* ou *Notre-Dame-du-Prince,* parce qu'elle

4

devait sa fondation au prince Bozon, roi de
Provence, en 930. Elle fut reconstruite au
commencement du XVᵉ siècle, et en 1584, le
cardinal Georges d'Armagnac l'érigea en collégiale. Depuis 1814, elle sert d'église à la
confrérie des Pénitents Blancs qui remonte à
l'année 1527.—C'est dans son enceinte que saint
Pons, abbé des Bénédictins de Villeneuve-
lez-Avignon, obtint du ciel par ses prières, sur
la fin du XIᵉ siècle, la cessation d'une séche-
resse affreuse qui désolait la ville d'Avignon
et son territoire.

On conserve encore dans cette église une
épine de la sainte couronne de N. S. J.-C., —
des reliques des SS. Innocents, — la croix que
le roi Henri III, de passage à Avignon en 1574,
voulut porter lui-même en tête d'une procession
des Pénitents Blancs, — et les chaînes en fer
qui chargeaient les mains d'un malheureux
blasphémateur.

C'était en 1373. Cet infortuné, sortant d'une
maison de jeu où il avait perdu toute sa for-
tune, dans un accès de désespoir jeta une
pierre contre l'image de N.-D.-de-*Bonne-Es-
pérance* qui était placée derrière l'église de la
Principale. Une grande quantité de sang s'é-

chappa aussitôt de la sainte image, et la tête du sacrilége se tourna devant derrière. A cette vue on le saisit et on le livra à la justice qui le condamna au dernier supplice. Il allait être exécuté quand, l'ardeur de son repentir lui obtenant son pardon, sa tête reprit sa première place. On cria miracle, et le Pape Grégoire XI lui accorda sa grâce.

———

Près de la Principale, on voit l'ancienne église de *saint Geniès*, qui fut fondée, en 1452, par les Ricci de Florence et qu'en 1525, le cardinal de Clermont-Lodève avait érigée en collégiale. Pendant son séjour à Avignon, au commencement du siècle dernier, le roi détrôné d'Angleterre, Jacques III, se plut à combler cette église de ses dons et de ses bienfaits. Elle sert maintenant de salle de *Bourse* au commerce avignonais.

En quittant la rue Bonneterie où s'élève St-Geniès, il faut remonter, par la rue des Orfèvres, jusqu'à la Place du Change, et de là, par la rue Petit-Change, déboucher sur la rue des Marchands pour prendre la rue de l'Arc-de-l'Agneau qui conduit à la seconde paroisse de la ville,

L'ÉGLISE DE SAINT-PIERRE.

Cet antique édifice a subi bien des vicissitudes. Fondé dès le IVe siècle, il fut détruit par les Vandales au Ve, puis rebâti par saint Agricol au VIIe, et ruiné ensuite au Xe par les Sarrasins. C'est le cardinal Pierre de Prato, évêque de Palestrine, qui le fit relever tel qu'on le voit aujourd'hui, et qui l'érigea en collégiale. Cinq de ses chanoines ont été élevés à l'épiscopat. Sous ses voûtes Louis d'Anjou fut, en 1385, couronné roi de Sicile, et, en 1607, l'apôtre de la charité, saint Vincent de Paul, y fit faire abjuration au renégat dont il avait été l'esclave pendant sa captivité sur la terre africaine.

Cette église, à laquelle le Pape Jules II avait donné cinq anneaux des chaînes de l'apôtre saint Pierre, et qui est le siége de la dévotion à saint Antoine de Padoue dans Avignon, possède encore le corps de saint Maxime, martyr, — deux têtes des compagnes de sainte Ursule, — la dalmatique, l'étole et le chapeau cardinalices du bienheureux Pierre de Luxembourg, etc.

Après avoir admiré sa riche et élégante façade, il faut prendre la rue Peirollerie, passer sous les murs de la gigantesque demeure des Papes au XIVᵉ siècle, et déboucher sur la place du Palais, vaste parallélogramme de 11,557 mètres de superficie, où le Conservatoire de musique (ancien hôtel des Monnaies), le Petit séminaire (ancien Palais Archiépiscopal), la Basilique Métropolitaine, le Palais Apostolique et l'Hôtel de la Banque de France forment un ensemble imposant et grandiose.

LE PALAIS DES PAPES.

Commencé, en 1336, par Benoît XII,—continué par Clément VI et Innocent VI, successeurs immédiats de ce Pape,—et achevé par le bienheureux Urbain V, cet édifice résume, à lui seul, toute l'histoire de la Papauté au XIVᵉ siècle. Malheureusement transformé depuis bien des années en caserne, il a subi des dégradations sans nombre et sans nom, et c'est à peine si, à cette heure, il peut offrir à l'œil d'un catholique quelques fresques de sa chapelle basse et de deux anciens oratoires privés, fresques qui n'ont échappé à la destruction que parce que le Musée de la ville s'en est fait céder la propriété. Son extérieur a été respecté : on dirait que

l'action destructive du vandalisme moderne
s'est émoussée contre ses tours grandioses et
ses ogives immenses.

Mais continuons notre route, et portons nos
pas jusqu'au sommet de la montagne où la Mère
de Dieu voit chaque jour au pied de son autel ses fidèles Avignonais déposer le tribut de
leurs vœux et de leurs prières.

LA SACRO-SAINTE BASILIQUE

Cathédrale et Métropolitaine de N.-D.-des-Doms.

Cet auguste sanctuaire, dont la tour élève,
depuis le 24 octobre 1859, à la hauteur de 52
mètres au-dessus du niveau de la mer, une statue monumentale de Marie Immaculée, domine
non-seulement la ville d'Avignon tout entière,
mais encore la vaste plaine qui l'entoure.

On n'est point d'accord sur l'étymologie de
son nom : les uns le font dériver du titre de
Dom que portaient jadis ses chanoines ; les autres veulent qu'il lui ait été donné par allusion
aux *dons* célestes que les fidèles reçoivent sous
ses voûtes ; d'autres le tirent d'un mot celtique
qui voudrait dire *Rocher*, ou bien du mot latin
Domus qui signifie la maison par excellence,

la maison du *Bon Dieu*, et qui, sous le nom de *Duomo*, est appliqué en Italie à presque toutes les cathédrales.

Il fut un temps où Notre-Dame-des-Doms était, et à bon droit, aussi célèbre que Notre-Dame-de-Lourdes et Notre-Dame-de-la-Salette. Louis XII ordonna de respecter ses murailles, en considération de ce qu'elle était *moult ancienne*. Avant lui, saint Louis IX, à la vue de son enceinte bénie, renonça à se venger de la résistance que la ville d'Avignon avait opposée à son père, ainsi qu'on peut le voir dans les Bollandistes au iiie volume du mois d'août.

Comme nos vieux pèlerinages, elle brille par son ancienneté ; comme nos nouveaux pèlerinages, elle resplendit de l'éclat des miracles ; mais, de plus, elle a ce que les autres n'ont pas, l'auréole de la Papauté, et à ce point de vue, elle n'a au-dessus d'elle que sainte Marie-Majeure et Notre-Dame-de-Lorette.

En fait d'ancienneté, cette église ne le cède à nulle autre, puisque sainte Marthe la fonda, vers l'an 48 de notre ère, en l'honneur de la très-sainte Vierge *encore vivante sur la terre*. C'est là une tradition qui est restée incontestée jusqu'à cette heure et que le savant pape Benoît XIV n'a pas craint de consigner dans son immortel ouvrage de la *Canonisation des Saints.* (Livre I, chap. 12, et livre IV, 2e part., chap. 10.)

Elle a été rebâtie par ordre de l'Empereur Constantin, et agrandie, grâce aux largesses de Charlemagne.

Comme Notre-Dame-des-Ermites en Suisse, comme Notre-Dame-*del-Pilar* à Saragosse, elle a été consacrée visiblement par la *main même de Notre-Seigneur Jésus-Christ,* le 8 octobre 799. Voici ce que dit, à ce sujet, le Pape Sixte IV dans une bulle dont les Bollandistes *(Propylœum ad Act. SS. Maii)* donnent un fragment : « Nous apprenons que l'église d'Avignon, l'une des plus remarquables de ce pays, fondée par sainte Marthe, a été consacrée *par la main de Dieu même,* ainsi que le rapporte la tradition et que l'attestent des lettres de Pontifes romains. »

Elle a donné 11 Papes à la Chaire de Saint-Pierre :

Anastase IV, qui fut abbé de Saint-Ruf sous les murs d'Avignon ;

Adrien IV, qui a été le seul Pape anglais et qui succéda à Anastase, d'abord comme abbé de Saint-Ruf, puis comme souverain Pontife ;

Clément V, Jean XXII, Benoît XII, Clément VI, Innocent VI, le bienheureux Urbain V, et Grégoire XI qui siégèrent à Avignon, de 1309 à 1376 ;

Jules II qui, sous le nom de Julien *della Rovere*, fut le premier archevêque d'Avignon et résida, comme tel, dans cette ville de 1474 à 1503 ;

Et Innocent IX, qui, en 1538, fut vicaire-général du cardinal Alexandre Farnèse, administrateur du siége d'Avignon.

De plus, au mois de septembre 1096, Urbain II, revenant de Clermont, reçut à Notre-Dame-des-Doms, la profession religieuse des chanoines de cette église qui avaient embrassé la règle de Saint-Augustin, et le 8 septembre 1163, Alexandre III sacra évêque de Belley, sous les voûtes de cette basilique, saint Anthelme le Chartreux.

C'est à Notre-Dame-des-Doms que Jean XXII eut la fameuse vision qui le détermina à publier l'*Indulgence sabbatine* attachée au saint Scapulaire de N.-D.-du-Mont-Carmel et qu'il institua la triple sonnerie quotidienne de l'*Angelus*.

C'est encore à Notre-Dame des Doms que fu-

rent célébrées, pour la première fois dans l'E-
glise universelle, la fête de la très-sainte Tri-
nité, celle de la Visitation de la très-sainte
Vierge, celle de la sainte Lance et des saints
Clous, et la vigile de la Nativité de Marie.

Saint Pierre Célestin, saint Louis de Toulouse et saint Thomas d'Hertfordt, y furent ca-
nonisés;

Benoît XII, Innocent VI, le bienheureux Urbain V et Grégoire XI y furent couronnés;

Robert le Boiteux y reçut le sceptre des Deux-
Siciles, et Hélion de Villeneuve, la maîtrise
des chevaliers de saint Jean de Jérusalem;

Trois fois la guerre sainte y fut prêchée contre les Maures d'Afrique et les Sarrasins d'Espagne;

Philippe le Bel et Pierre d'Aragon s'age-
nouillèrent sur ses dalles pour être relevés des
censures ecclésiastiques qu'ils avaient encou-
rues;

La première procession de la Fête-Dieu sor-
tit de son enceinte, et au pied de ses autels, la
seconde réunion des Grecs à l'Eglise romaine
fut solennellement accomplie.

A côté de la tombe de Jean XXII et de celle
de Benoît XII, on voit encore, à Notre-Dame-

des-Doms, beaucoup de sépultures illustres, entre autres celles de 157 cardinaux ou évêques
ou archevêques, celles du brave Crillon et du fameux prédicateur l'abbé Poulle. Parmi les tom-
bes d'évêques, on remarque celle de l'archevêque Libelli qui n'est autre que la belle rotonde
où est vénérée une statue en marbre de la très-
sainte Vierge, due au ciseau de Pradier,—le tombeau de l'archevêque de Marinis qui fit le Mont-
de-Piété d'Avignon son héritier universel, — et
le mausolée de l'archevêque Dominique de Gri-
maldi, qui commandait la flotte pontificale dans
les eaux de Lépante.

On vénère à Notre-Dame-des-Doms, outre
l'antique et miraculeuse statue de *Notre-Dame-
de-tout-Pouvoir*, le corps de sainte Névia Félicité, femme romaine martyrisée sous Dioclé-
tien, que lui donna, en 1864, Notre Saint-Père
le Pape Pie IX ; — le crâne de saint Grégoire
le Grand, que lui envoya, en 1838, le pape
Grégoire XVI ; — deux doigts du saint berger
Bénézet, qui jeta miraculeusement les fonde-
ments du vieux pont d'Avignon ; — une côte
du bienheureux cardinal Pierre de Luxembourg, second patron de cette ville ; — une
côte du bienheureux Benoît-Joseph Labre ; —

une des épines de la sainte Couronne de Notre-Seigneur, et une foule de reliques considérables de plusieurs Saints, objet de la vénération de la population avignonaise.

On y voit aussi deux autels sur lesquels officiaient les Papes, le trône où ils siégeaient, et une portion des ornements pontificaux d'Innocent VI.

C'est dans cette église que siégèrent les saints évêques d'Avignon, Ruf, Valens, Maxime, Magne, Agricol (1) et Vérédème ; — que saint Hugues de Grenoble ouvrit un concile provincial ; — que saint Bénézet annonça à haute voix sa divine mission au clergé et au peuple assemblés ; — que saint André Corsini rendit la vue à un aveugle ; — que saint Bertrand d'Aquilée fut sacré Patriarche par Jean XXII, son oncle ; — que saint Pierre Thomas fut fait, par Clément VI, patriarche de Constantinople et légat du Saint-Siége en Orient ; — que le sang de saint Jean Baptiste fut conservé pour l'église de Turin, en proie aux horreurs de la guerre civile, de l'année 1324 à l'année 1345 ; — que

(1) Saint Agricol est le premier patron de la ville d'Avignon.

sainte Catherine de Sienne eut l'une de ses plus mémorables extases ; — que, durant huit ans, saint Vincent Ferrier, maître du Sacré Palais d'Avignon, chanta tous les jours la messe ; — que le bienheureux Pierre de Luxembourg fut ordonné diacre et reçut le chapeau cardinalice (1) ; — que sainte Colette de Corbie et la bienheureuse Ursuline de Parme vinrent demander à Dieu la cessation du grand schisme d'Occident ; — que le bienheureux Louis Allemand, archevêque d'Arles, vint, durant son séjour à Avignon, puiser des forces pour l'accomplissement de la grande mission dont il était chargé, et que le bienheureux Jean Bassandi, de l'Ordre de saint Benoît, délivra une femme possédée du démon.

On n'en finirait pas si on voulait énumérer tous les Saints qui s'y rendirent en pèlerinage à travers les siècles. Qu'il suffise de citer saint Mayeul de Cluny, saint Marcel et saint Pétrone de Die, saint Honorat et saint Césaire d'Arles,

(1) Le bienheureux Pierre de Luxembourg est le second patron de la ville d'Avignon. L'OEuvre de la jeunesse Avignonaise, placée sous son vocable, se trouvait autrefois établie dans une maison de la rue Roquette, derrière le couvent actuel du St-Sacrement.

saint Véran de Cavaillon, sainte Cazarie et saint
Pons de Villeneuve-lez-Avignon, saint Firmin
d'Uzès, saint Gérard de Rochefort, saint Guillaume de Gellonne, sainte Roseline, saint
Dominique, saint Elzéar et sainte Delphine,
saint Remy de Reims, saint Gilles, saint
Etienne de Die, saint Cyprien de Toulon, saint
Apollinaire de Valence, saint Bruno le Chartreux, saint Audelgier de Barcelone, saint Can-
nat de Marseille, saint Paul de Trois-Châteaux,
saint Philippe Benizzi, saint François de Borgia, saint François de Sales, saint Vincent de
Paul, sainte Jeanne de Chantal, le bienheureux
Jean Tolomei, le bienheureux Jean d'Espagne,
le bienheureux Benoît-Joseph Labre, le bienheureux Raymond Lulle, le vénérable César de
Bus et le vénérable Joseph-Marie Pignatelli.

Des princes et des rois y vinrent aussi en
pèlerinage : les plus célèbres sont Alphonse,
d'Aragon ; Jean II, de France ; Pierre de Lusi-
gnan, de Chypre ; Waldemar III, de Dane-
mark ; Charles IX, Henri III, Louis XIII et
Louis XIV, ainsi que les papes Gélase II et
Calixte II.

Il s'est tenu, sous les voûtes de Notre-Dame
des Doms, 53 Conciles provinciaux ou Synodes

diocésains. Son chapitre, à qui Clément X octroya le privilége de revêtir au chœur la *cappa magna* rouge des cardinaux et Pie IX celui de porter la croix pectorale des évêques, a eu, dans la suite des âges, 32 de ses membres élevés à l'épiscopat.

« Quant au sanctuaire de Notre-Dame-des-Doms, écrivait, il y a plus de deux siècles, le docte Théophile Raynaud (Tome 17, *Pratum spirituale*), l'expérience de chaque jour prouve que c'est un lieu véritablement sacré....., que la Mère de Dieu chérit ce sanctuaire de préférence à tout autre, et qu'elle se plaît à y recevoir les vœux et les hommages des fidèles. »

Nous n'entrerons pas dans le détail des merveilles de tout genre que la très-sainte Vierge opéra dans cette vénérable Basilique : le récit en serait trop long. Nous nous bornerons à un fait, à un seul fait :

C'était en 1574. Neuf fois, les protestants, fidèles aux recommandations de Calvin qui voulait à tout prix faire d'Avignon sa métropole, avaient essayé de s'emparer de notre ville par surprise ; neuf fois, ils avaient été eux-mêmes surpris et repoussés. A la fin, ils s'étaient résolus à faire une dernière et suprême tentative.

Partis d'Aramon au milieu de la nuit, ils avaient réussi à passer, grâce aux ténèbres, dans l'île de Courtine que le Rhône et la Durance formaient à leur confluent. Déjà même, leurs avant-postes se trouvaient à quelques centaines de pas de la ville, lorsqu'un météore lumineux de la forme d'un *flambeau* apparut sur la tour de Notre-Dame-des-Doms et donna par sa clarté l'éveil à la garnison avignonaise qui, sortant des murailles, poursuivit les assaillants jusque sur les bords du fleuve où ces hérétiques trouvèrent pour la plupart la mort ou une fuite honteuse.

La Basilique de Notre-Dame-des-Doms s'ouvre sur un rond-point que décore un Calvaire érigé à la suite de la mission de 1819. Elle est précédée d'un porche à fronton triangulaire, et deux belles fresques décorent sa porte d'entrée. Après le porche vient le *Narthex*; et après le *Narthex*, une nef unique, voûtée en berceau à trois points et terminée par une abside, se développe sur une longueur de 44 mètres et sur une largeur de 9 seulement. Tout autour court une tribune qui a été construite en 1672 et dont le style jure avec celui de l'Eglise. A la cinquième travée, un dôme octogone éclaire la nef.

En entrant dans l'église, on est tout d'abord étonné d'y voir réunis tous les genres d'architecture depuis la frise corinthienne des plus beaux jours de l'empire des Césars jusqu'au placage gréco-romain de l'époque de Louis XV. Cependant, après un examen attentif, on voit que, malgré le tribut architectural qu'ait cru devoir lui apporter chaque siècle, le style roman y domine avec toute la sévérité de ses lignes que l'apposition de tableaux, échappés au pinceau des Mignard, des Parrocel, des Levieux et autres maîtres, ne parvient pas à briser.

Au commencement du dernier siècle, Mgr François-Maurice de Gontieri, archevêque d'Avignon, érigea dans cette église métropolitaine une pieuse association pour le culte perpétuel de la bienheureuse Vierge Marie Immaculée. Le Pape Clément XI, par son Bref du 23 octobre 1717, daigna l'approuver et l'enrichir de précieuses indulgences. Les désastres occasionnés par la peste de 1721, en diminuant le nombre des associés, interrompirent pendant plusieurs années l'exercice de cette dévotion. Mais, le 25 mars 1727, le même Mgr de Gontieri la rétablit solennellement et remplit

lui-même la première heure de la Vénération
perpétuelle, qui fut ensuite continuée par tous
les fidèles de la ville en commençant par le Chapitre Métropolitain.

Cette dévotion dura jusqu'à la Révolution
française. Elle a été rétablie, il y a une ving-
taine d'années. Instituée à l'imitation de l'*Adoration perpétuelle du T.-S. Sacrement aux
Pénitents Gris*, elle a pour but de rendre à la
Reine du ciel et de la terre un hommage public et perpétuel dans la première et la plus vénérable des églises de la ville. Les associés se
regardent comme les zélateurs du culte de la
Sainte Vierge et les vengeurs de sa gloire. La
principale obligation qu'ils contractent en entrant dans l'Association est de se partager entre eux tous les jours de l'année et toutes les heures de chaque jour, de se succéder ainsi les uns
aux autres pour faire leur cour à la Mère de
Dieu, et de s'unir dans une prière commune
pour les besoins de l'Eglise, pour la prospérité
de la ville d'Avignon et surtout pour la conversion des pécheurs.

On peut gagner à Notre-Dame-des-Doms
une *indulgence plénière*, les jours de Noël, de
l'Epiphanie, de l'Ascension, de la Fête-Dieu, —

de l'Immaculée-Conception, de la Nativité, de la Présentation, de l'Annonciation, de la Visitation, de la Purification et de l'Assomption de la très-Sainte Vierge, de St-Pierre et St-Paul (29 juin), de St-Augustin (28 août), de St-Grégoire-le-Grand (12 mars), de Ste-Marthe (29 juillet), de St-Agricol (2 septembre) et de l'anniversaire de la Dédicace de cette église (8 octobre).

Il y a encore *indulgence plénière*, tous les dimanches de l'année, pour tout fidèle qui, ayant rempli les conditions ordinaires, entendra la messe dans cette église.

Pie IX a accordé, en outre, une indulgence *de 7 ans et de 7 quarantaines*, chaque samedi de l'année, pour tout fidèle qui visite cette basilique, — une indulgence de *500 jours*, pour quiconque y entend la messe, et une autre de 300 jours, pour chaque visite qu'on fera à ce même Sanctuaire.

III

DE NOTRE-DAME-DES-DOMS A LA GARE

En quittant Notre-Dame-des-Doms, on peut monter sur le Rocher des Doms, vaste jardin d'où l'œil embrasse toute la plaine d'Avignon jusqu'à Carpentras et jusqu'à Orange. En descendant dans la ville par la place du Palais, on rencontre :

1° Sur la place du Palais, le *Petit Séminaire*. C'était autrefois le Palais Archiépiscopal, qui fut construit, en 1317, par le cardinal de Via, agrandi, en 1438, par le cardinal Alain de Coëtivy, et restauré par le cardinal Julien *della Rovere* (plus tard Jules II). Il a été habité par les Papes Jean XXII et Benoît XII. On y vénère le corps de St Félix, enfant martyr, tiré des Catacombes, ainsi que les sandales du bienheureux Pierre de Luxembourg ;

2° Près la porte du Rhône, l'ancienne *église de Saint Bénézet*, fondée en 1177 et transformée en magasin ;

3° A la rue Grande-Fusterie, la maison principale des *Sœurs de St-Charles* dans Avignon, dont la gracieuse chapelle est un joli spécimen du gothique moderne;

4° *L'Hôtel-de-ville*, ancien palais des cardinaux Colonna, dont le beffroi gothique, bâti en 1354 par le cardinal Audouin Aubert d'Auxerre, avait autrefois une chapelle dédiée au pape saint Clément Ier, et dont la façade fut, pendant les deux siècles antérieurs à la Révolution française, ornée d'une statue de la très-Sainte Vierge;

5° En face de l'Hôtel-de-Ville, le *Palais Archiépiscopal* occupe l'ancien Hôtel de la famille de Guyon de Crochans, dont un membre fut archevêque d'Avignon, au dernier siècle. L'Eglise d'Avignon, depuis son premier évêque qui fut, au Ier siècle, saint Ruf, fils de Simon le Cyrénéen, jusqu'à Mgr Dubreil, qui siége aujourd'hui, compte 131 archevêques ou évêques, sans parler des nombreux administrateurs apostoliques auxquels le St-Siége la confia à diverses reprises. Sur ces 131 prélats, deux ont été élevés à la Papauté (Jean XXII et Jules II), et seize à la dignité cardinalice. Dans les salons de l'Archevêché on voit une belle galerie for-

mée des portraits authentiques des sept Papes
qui siégèrent à Avignon, de ceux des deux
anti-papes qui leur succédèrent, de Jules II,
qui fut notre 1er archevêque, du bienheureux
Pierre de Luxembourg, second patron de notre
ville, et de Sixte IV, qui, le 21 novembre 1475,
érigea l'Eglise d'Avignon en archevêché;

6° Un peu plus loin que l'Archevêché, dans la
rue des Marchands, à la jonction de cette rue
avec la rue des Fourbisseurs, et avant l'entrée
de la rue Abraham, il y avait jadis une petite
chapelle de la sainte Vierge, fondée en 1258 par
Bertrand de Saint-Laurent : l'image toute la-
cérée de la *Bonne Mère* qu'on voit encore à
l'angle de la rue des Fourbisseurs, est tout ce
qui reste de ce sanctuaire.

7° A côté de' la Mairie, sur la place de
l'Horloge, la Salle des spectacles marque une
partie de l'emplacement de l'Abbaye des religieuses Bénédictines de *saint Laurent*, fondée,
en 918, par Amelius, comte d'Avignon ;

8° Dans la rue Petite-Fusterie, les débris
de l'église paroissiale et collégiale de sainte
Madeleine, que Jean XXII fit bâtir sur les subs-
tructions de l'hippodrome romain et qui renfermait la sépulture de deux cardinaux. Elle fut

desservie, au XIVᵉ siècle, par les religieux Servites, et saint Philippe Benizzi prêcha plusieurs fois dans son enceinte ;

9⁰ Dans la même rue, la petite église du *Collège de Sénanque*, ainsi appelée parce qu'elle servait aux étudiants Cisterciens, que l'Abbaye de ce nom entretenait à Avignon, fut construite en 1365 : elle est transformée en atelier de forgeron.

C'est au bout de la rue Petite-Fusterie que s'ouvre, sur une plate-forme élevée en 1485,

L'ÉGLISE SAINT-AGRICOL.

Fondée, en 680, par saint Agricol, évêque d'Avignon, sur sa maison paternelle, cette église a été réédifiée, telle qu'elle est aujourd'hui, en 1321, par le pape Jean XXII. Elle est à trois nefs ; la plupart de ses autels sont en marbres rares, et de fort bonnes toiles sont appendues à ses murailles.

Elle possède une épine de la sainte Couronne de Notre-Seigneur Jésus-Christ, — le corps de saint Agricol, — celui de saint Magne, son père, — le corps de saint Félix, enfant martyr, — une main de sainte Barbe, — une jambe de saint Constantin, martyr, — un doigt de l'apôtre saint Barthélemy, — de la chair de saint François-Xavier, etc.

C'est à St-Agricol, qu'en 1372, sous le pontificat et par les soins de Grégoire XI, le culte public et liturgique de saint Joseph a pris naissance.

Le cardinal Laurent Strozzi, Eucher de St-Vital, évêque de Viviers, et Pierre Mignard l'Avignonais, sont inhumés à St-Agricol.

La Congrégation des Pauvres Femmes, dont nous avons parlé à la page 42, a, depuis le rétablissement du culte, son siége à St-Agricol.

On peut gagner en visitant cette Eglise toutes les *indulgences des Stations* de Rome, aux jours suivants : Tous les dimanches de l'Avent, la veille et les quatre fêtes de Noël, le jour de la Circoncision (1ᵉʳ janvier), celui de l'Epiphanie (6 janvier), les dimanches de la Septuagésime, de la Sexagésime et de la Quinquagésime, tous les jours depuis le mercredi des Cendres jusqu'au dimanche de *Quasimodo*, le jour de St-Marc (25 avril), les trois jours des Rogations, le jour de l'Ascension, la veille et tous les jours de l'Octave de la Pentecôte, les mercredis, vendredis et samedis des Quatre-Temps de septembre et de décembre.

On peut, en priant successivement devant son maître-autel et les autels de St-Joseph, de St-Michel, de Ste-Anne, de la Ste-Vierge, du Crucifix et de St-Agricol, gagner les indulgences attachées aux *sept autels de la Basilique de St-Pierre de Rome* : le 23 janvier (anniversaire de la Dédicace de St-Agricol), le 2 février, le 25 mars, le dernier dimanche d'avril, le 3 mai, le 24 juin, le 26 juillet, le 19 août, le 2 septembre, le 28 octobre, le 1er novembre et le 8 décembre.

Il y a, de plus, *indulgence plénière* dans cette église : le 2 septembre, fête de St-Agricol, — le 19 août, fête de St Magne, père de St Agricol, — le 4 décembre, fête de Ste Barbe.

Il y a, en outre, une *indulgence de sept ans et sept quarantaines*, pour le jour de St Jean François Régis (16 juin), et une *indulgence de 200 jours*, à gagner une fois par jour en visitant cette église.

———

En quittant cette église qui est la première paroisse de la ville et du diocèse, et en sortant par sa porte latérale, on rencontre :

1° Aux abords de la rue St-Agricol, l'ancien *collège de St-Pierre-ès-liens* ou *du Roure*, fondé en 1496 par Jules II, et devenu l'Hôtel de la Préfecture, — l'église de *St-Jean-de-Rhodes*, construite au XIV° siècle sur le plan de St-Jean-de-Malte-d'Aix, et servant d'écurie à l'hôtel du Louvre, — le couvent et l'église de *Ste-Praxède*, abandonnés en 1768 par les religieuses Dominicaines pour lesquelles, en 1409, ils avaient été bâtis sur l'emplacement du palais du cardinal Guillaume de la Jugie ;

2° Dans la rue Calade, l'arceau de *Notre-Dame-des-Iles*, surmontant l'endroit où la tradition veut que sainte Marthe ait ressuscité un enfant qui s'était noyé dans le Rhône, — *l'église de l'Oratoire*, élégante rotonde, élevée, en 1741, par les Oratoriens, et servant maintenant de succursale à l'église St-Agricol, — le *pensionnat des Frères des écoles chrétiennes*, récemment installé dans un ancien hôtel, qui passa successivement en la possession des Trivulce de Milan, des Nogaret, des Suarez d'Aulan, des Pluvinal et des Réginel-Barreme ;

3° La rue *St-Dominique*, percée à travers l'ancien couvent des Dominicains. Ce couvent, fondé, en 1226, par saint Dominique lui-même, avait été habité par un grand nombre d'hommes illustres en sainteté, entre autres par le bienheureux Bertrand de Garrigues, saint Vincent Ferrier et le vénérable Guillaume Courtet martyrisé au Japon. Il s'y était tenu deux conclaves pour l'élection du pape, l'un en 1335, l'autre en 1342. Dans son église, la plus vaste de toutes les églises de la ville, Benoît XII et Clément VI avaient été couronnés, et 80 cardinaux et plus de 150 évêques avaient reçu la sépulture. On voit encore dans une des maisons qui s'élèvent sur son emplacement, le puits dont saint Dominique avait béni les eaux, et la salle où Jean XXII canonisa saint Thomas d'Aquin et saint Yves de Tréguier. — L'église des Pénitents Blancs qui s'élevait, depuis 1527, dans l'enclos des Dominicaines, est devenue une écurie, malgré ses peintures murales et ses caissons dorés.

4° Non loin de la rue St-Dominique, sur la rue Calade, le *Musée* qui fut fondé et doté, en 1810, par le docteur Esprit Calvet, et qui occupe l'ancien Hôtel des marquis de Villeneuve, réunit, en fait de livres, de tableaux, de morceaux lapidaires, d'objets d'art, tout ce qu'il a été pos-

sible de sauver dans la destruction des églises
et des couvents. On y voit, entre autres, les
heures, les éperons, le couteau et le vrai por-
trait du bienheureux Pierre de Luxembourg,
—une croix processionnelle du Pape Jean XXII,
— un Missel de l'anti-pape Robert de Genève,
— les Heures du maréchal de Boucicaut, —
la bibliothèque du chancelier Gerson, — une
Somme manuscrite de saint Thomas d'Aquin,
— le tombeau du bienheureux Urbain V, —
celui du cardinal de Brancas, — celui du cardinal de la Grange, et par-dessus tout, le magnifique *Christ d'ivoire* des Pénitents Noirs,
chef-d'œuvre qui n'a pas son pareil au monde
et devant lequel s'extasia Canova, le grand
sculpteur.

5° Dans la rue Annanelle, le couvent des
RR. PP. *Récollets*, bâti en 1852, sur l'emplacement de l'ancien couvent des Carmélites, où
la reine Anne d'Autriche se rendit, en 1660,
pour voir une humble sœur converse, la vénérable Thérèse de St-Joseph, aux prières de
laquelle elle se croyait redevable de la naissance de son fils Louis XIV, — celui des *Ursulines*, qui date de 1613, et qui conserve la tête
d'une des compagnes de sainte Ursule, — celui

de la *Visitation*, qui occupe le terrain d'un ancien couvent de Capucins fondé en 1546, et
qui possède le corps de sainte Maxime, martyre des Catacombes, — un drap de lit, la
langue et plusieurs vêtements de saint François de Sales, — un bras de saint Valentin, —
le crâne de saint Théodore, etc.

6° Dans la rue Velouterie, l'ancien couvent
des *Minimes*, appelé *N.-D.-des-Miracles*, à cause
de la miraculeuse préservation au milieu des
flammes d'un jeune homme, injustement con-
damné, en 1320, à périr sur un bûcher. L'é-
glise de Notre-Dame-des-Miracles est intacte
et sert maintenant d'orangerie ; elle fut rebâtie
par les Minimes en 1575, et elle renferme le
tombeau de Mgr Pierre de Portocarrero y Guz-
man, patriarche des Indes.

C'est au couvent des Minimes, que le cardinal de Richelieu passa, de 1617 à 1622, le
temps de son exil à Avignon.

7° Dans la rue de l'Observance, le couvent
des *Carmélites*, bâti sur l'emplacement de celui qui fut construit, en 1602, pour les RR. PP.
Récollets. Ces religieuses possèdent, entre autres reliques, un bras de la bienheureuse Marie
de l'Incarnation, — le corps de saint Cyr, —

celui de sainte Crescentienne, — la tête de l'une des compagnes de sainte Ursule, etc.

8° Dans la rue St-Charles, la *Petite-Providence*, orphelinat de jeunes filles, qui fut fondé dans l'ancien hôtel de Raffelis-Saint-Sauveur, en 1821, par Mgr de Forbin-Janson, alors simple missionnaire de France, et le *Grand-Séminaire de St-Charles-de-la-Croix*, dirigé par MM. de Saint Sulpice pour lesquels l'opulente famille de Cambis le fit élever en 1702. Ce dernier établissement, remarquable à tous les points de vue, renferme dans sa belle église, dédiée à la Purification et bâtie en 1735, la tombe de Mgr L.-M. de Suarez, évêque d'Acqs, et de nombreuses reliques, parmi lesquelles il faut citer un bras, la main et le femur de St Bénézet, — une jambe du bienheureux Pierre de Luxembourg, — une portion de la mâchoire de saint Maxime, — l'omoplate de sainte Faconde, etc.

———

Si du Grand-Séminaire on prend la rue Calade, la rue Victoire, la rue Bouquerie et la rue des Ortolans, pour se rendre dans la rue de la République, on rencontre :

1º Au coin de la rue St-Charles, un reste des *remparts* d'Avignon, démolis, en 1226, par ordre du roi Louis VIII ;

2º Dans la rue Bouquerie, le Refuge, plus connu sous le nom de *Grande-Providence*, établi, en 1826, dans l'hôtel des fameux peintres et architectes Mignard, et dirigé par les sœurs hospitalières de Saint-Thomas-de-Villeneuve d'Aix ;

3º La maison de la Grande-Providence touche aux jardins de l'ancien couvent de Notre-Dame-de-la-*Victoire*, qu'en 1634, une noble dame d'Avignon fonda pour recevoir les jeunes filles que leur isolement au milieu des séductions du monde exposait à leur perte.

4º Près de cette maison charitable, au coin de la rue Collége-d'Annecy, le *Collége St-Nicolas*, fondé au XVº siècle, par le cardinal Jean de Brogny, évêque d'Ostie, pour l'éducation des ecclésiastiques pauvres du diocèse de Genève. Son église n'a pas été détruite : elle sert de magasin ; elle était autrefois desservie par les Lazaristes Italiens, et soumise à la Propagande de Rome ;

5º Dans la rue des Ortolans, les écoles gratuites des *Frères*, établies, en 1820, dans les locaux de l'ancien couvent des *Augustines*, où furent, en 1768, recueillies les pauvres Orphelines. Leur église, dédiée à St Augustin, a été peinte à la fresque par un frère. — Les Frères des Ecoles Chrétiennes furent établis à Avignon, en 1703, par le vénérable Jean-Baptiste de la Salle, leur fondateur, qui enseigna lui-même quelque temps dans nos murs.

Le corps de la vénérable servante de Dieu, Jeanne Rampalle, fondatrice des Augustines d'Avignon, en 1634, repose sous les degrés de l'autel de l'église dont nous venons de parler.

Avant d'être transférées, en 1775, dans le couvent des Augustines, les *Orphelines* occupaient, depuis 1596, une maison de la rue St-Michel parallèle au couvent des Célestins. (A leur suite se trouvaient les *Visitandines* de *Saint-Georges*, ainsi appelées, parce qu'elles occupèrent un monastère que le cardinal Georges d'Armagnac avait fondé, en 1578, dans cette rue, et qui devint de la sorte le second monastère de la Visitation dans Avignon.)

Dans la rue de la République on trouve :

LA MAISON DU JÉSUS

C'est la résidence des RR. PP. Jésuites depuis 1824. A leur noviciat y a succédé leur école apostolique, pépinière féconde de hérauts évangéliques pour les missions étrangères.

Leur gracieuse église gothique, dédiée au Sacré-Cœur de Jésus, est bâtie dans l'ancien jardin des Religieuses de Notre-Dame, que travailla si longtemps de ses mains la vénérable servante de Dieu, Marie-Rose Viau, laquelle mourut émigrée à Palma de Majorque, en 1832, et dont la cause de béatification s'instruit en ce moment.

Ce sanctuaire conserve le bras droit de saint Jean-François Régis, l'apôtre du Velay et du Vivarais, — le bras droit de saint Eliodoro, martyr, — un os de la poitrine de saint-Stanislas Kostka, — des cheveux de sainte Marie Madeleine, — la chasuble, la discipline et le crucifix du P. Antoine de Nollhac, massacré sous la Terreur, dans la Glacière du Palais des Papes, — des lettres autographes de saint François de Sales, de saint Vincent de Paul, de saint Charles Borromée, etc.

Presque en face, s'élève l'église des anciens Jésuites, désignée maintenant sous le nom de

ÉGLISE DU LYCÉE.

Les Jésuites vinrent à Avignon, en 1555, du vivant même de St Ignace de Loyola, sur la demande du cardinal Alexandre Farnèse, administrateur apostolique de l'archevéché d'Avignon, et fondateur de leur maison-mère du *Gesù* à Rome.

En 1564, la ville leur donna, pour y ouvrir un collége, le palais de la Motte où Ste Catherine de Sienne était descendue au XIVe siècle. Ils dirigèrent jusqu'en 1768 cet établissement qui compta jusqu'à 2,000 élèves et qui a formé pendant deux siècles toutes les illustrations religieuses, civiles et militaires de la contrée.

Leur église, bâtie sur le modèle de celle du Collége Romain en 1615, et consacrée par l'archevéque de Marinis en 1655, renferme dans ses caveaux le corps des vénérables serviteurs de Dieu Jacques Salez et Guillaume Sautemouche, martyrisés en 1593 par les protestants d'Aubenas, en haine de la sainte Eucharistie.

Saint François de Borgia passa trois mois dans cette maison, en 1571. — Saint François de Sales y prêcha en 1622. — Trois vénérables personnages, que leurs vertus feront tôt ou tard monter sur les autels, y furent élevés : Christophe d'Authier de Sisgau, évêque de Bethléem, François de Chansiergues, fondateur d'un séminaire à Paris, et Alexandre de Rhodes, qui le premier prêcha la foi au Tong-King, et qui fonda le séminaire des Missions étrangères à Paris.

Le Lycée occupe, depuis 1810, les bâtiments de l'ancien Collége, que relie un arceau hardiment lancé au-dessus de la voie publique. L'église, après avoir servi à des usages profanes durant plus de soixante ans, a été rendue au culte en 1857.

IV

HORS LA VILLE

Après avoir parcouru l'intérieur de la ville,
il faut visiter également ses dehors. Là aussi
se trouvent des monuments bien dignes de la
vénération du pèlerin catholique.

Les premiers qui fixent l'attention sont

LES REMPARTS.

Cette magnifique ceinture de pierre qui n'a
pas moins de 4,880 mètres de circuit est, au
dire de M. Viollet-Leduc, *sous le rapport de
la conservation, la plus belle qu'il y ait sur
le sol de la France*. Elle a 11 mètres 98 centi-
mètres de haut; son épaisseur est de 3 mètres
à fleur de terre et de 2 mètres à son couronne-
ment.

Elle est simplement crénelée, flanquée de
distance en distance de grosses tours pour la

plupart carrées, et percée de sept portes et de quatre brèches.

Elle fut commencée, en 1349, par le Pape Clément VI et achevée, en 1358, par le bienheureux Urbain V.

Chaque porte avait dans sa partie supérieure une chapelle.

A la Tour qui commande le Pont Saint-Bénézet était adossée, sur le boulevard extérieur, la petite chapelle de la Congrégation des Portefaix et Patrons du Rhône, placée sous le vocable de *saint Nicolas* : elle s'est écroulée à la suite de l'inondation de 1856.

Près de la porte dite du *Rhône*, une de ses tours donnait accès sur

LE PONT SAINT-BÉNÉZET.

On connaît l'histoire de ce monument. Miraculeusement jeté sur le fleuve, d'après l'ordre de Dieu lui-même, en 1177, par un jeune pâtre du Vivarais, qui, pour preuve de sa mission divine, souleva et porta sur ses épaules une pierre énorme, il fut terminé en 1188. Il mesurait 1840 pas de longueur, sur 5 de largeur, décrivait une courbe avant d'arriver sur l'autre rive et reposait sur 19 arches.

Sur la pile qui sépare la 2ᵉ arche de la 3ᵉ, est une jolie chapelle romane, qui malheureusement fut coupée par une voûte gothique au XVᵉ siècle, et qui est abandonnée depuis 1793. On y vénéra pendant près de cinq cents ans, le corps de St Bénézet en parfait état de conservation.

Le Pont a été coupé en 1395, pendant que la ville était assiégée par les Catalans ; ensuite les inondations et les glaces emportèrent peu à peu toutes les arches, sauf quatre qui sont encore debout et qui touchent presque à

L'ILE DE LA BARTHELASSE.

Cette île qui dépend de la ville d'Avignon pour l'administration civile, et du diocèse de Nîmes pour l'administration religieuse, forme, sous le patronage de St-Joseph, une paroisse séparée et distincte de plus de 300 habitants répartis entre 63 fermes ou métairies, sur une superficie d'un millier d'hectares.

Il est question des îlots, dont la soudure a fini par former cette île, dans les plus anciens actes des archives d'Avignon. Une branche de la famille du Pape Innocent VI y réside encore au point où, en 1351, le roi Jean le Bon, donna à Clément VI et aux Prélats de sa cour le spectacle d'un tournoi chevaleresque.

Le service religieux de l'île se fait, en attendant la construction d'une église paroissiale, dans la chapelle d'un château qui joua un rôle important dans le plan de défense de la ville d'Avignon, lors des guerres de religion au XVIe siècle.

En suivant le quai du Rhône, on arrive près de la Porte Saint-Lazare, d'où part la route de Lyon. A un kilomètre de là, se trouve l'ancienne

ABBAYE DE SAINT-VÉRAN.

Elle fut fondée, en 1140, pour des Bénédictines, par un comte de Forcalquier. Ces religieuses vinrent, en 1537, s'établir dans l'intérieur de la ville, où elles furent unies plus tard aux religieuses de Sainte-Praxède. Leur couvent est devenu une métairie, et leur gracieuse église gothique, respectée par le temps, sert de grenier à foin.

Quand on revient vers la ville, si on suit le boulevard extérieur, on rencontre :

1º En face de la Porte Limbert, la route de Marseille, au commencement de laquelle s'élève, depuis 1853, sous le vocable de St-Sixte, l'*Hospice-Isnard*, fondé par un riche négociant de la ville en faveur des ouvriers en soieries et en garance, des commerçants ruinés et des commis négociants malheureux. Il est desservi par les religieuses de St-Charles.

2º En face de la Porte St-Michel, la route de Tarascon, qui se bifurque, à un kilomètre de la ville, pour donner accès à l'antique

ABBAYE DE SAINT-RUF.

Il ne reste plus que le clocher, trois absides et une travée de l'église de ce monastère où, en 1038, l'ordre des chanoines réguliers de St-Augustin prit naissance.

Ce monastère donna à l'Eglise deux Papes (Anastase IV et Adrien IV), et un Saint (le bienheureux Audelgier, évêque de Barcelone en Espagne). Il s'y tint deux Conciles, un en 1326, et un autre en 1337.

L'abbaye a fait place à des bâtiments d'exploitation rurale, et son église, malgré la beauté de ses lignes architecturales, est transformée en écurie.

———

On trouve encore dans la banlieue d'Avignon en se dirigeant du côté de Montfavet :

1° La chapelle de *St-Paul*, attenante à la maison de campagne du Petit-Séminaire ;

2° Celle de *St-Gabriel*, attenante à la maison de campagne du Grand-Séminaire ;

3° Celle de *St-Chamans*, bâtie sur le lieu où St-Amant, évêque d'Avignon, fut, en 473, martyrisé par les Vandales, et attenante à une maison de campagne des RR. PP. Jésuites ;

4° Celle de *Notre-Dame-des-Anges*, attenante à la maison de campagne de l'Ecole Apostolique ;

5° La *Tour d'Espagne* et une chapelle y attenante, restes du couvent qu'en 1348, le cardinal Gomez de Barosso, évêque de Carthagène, fit construire pour une communauté de Dominicaines, et que ces religieuses quittèrent, en 1409, pour venir se fixer dans l'intérieur de la ville ;

6° La principale des paroisses de la banlieue,

L'ÉGLISE DE MONTFAVET.

Bâtie, en 1330, sous le titre de *Notre-Dame-de-Bon-Repos*, par le cardinal Bertrand de Montfavet, elle a été desservie tour à tour jusqu'à cette heure par des chanoines de St-Ruf, des Bénédictins, des Jésuites, des Récollets, des Capucins et des prêtres séculiers. Elle est d'un style ogival très-pur, et renferme, outre la tombe de son cardinal fondateur, celle de Pierre de Cohorn, premier ministre d'un Roi de Suède. Dans le cimetière qui la touche repose Mgr Valayer, ancien évêque de Verdun.

Quant aux reliques qu'elle conserve, la plus remarquable est la tête de St Félix, martyr.

Il s'y fait, chaque année, un grand concours de pèlerins, à l'occasion de l'indulgence célèbre de la Portioncule, qu'on peut y gagner, le dimanche qui suit le 2 du mois d'août.

———

A droite de Montfavet, l'on rencontre :

1° *L'Asile des Aliénés*, avec sa belle chapelle ogivale, de construction récente ;

2° Les restes de l'Abbaye des religieuses de *Montdevergues*, fondée, en 1060, sur la colline de ce nom, dont la chapelle, encore debout, est l'objet de la vénération des campagnes voisines ;

3° *L'Orphelinat de Ste-Anne*, établi pour les jeunes garçons, en 1869, par Mgr Dubreil, archevêque actuel d'Avignon, sur les bords de la Durance, et dirigé par les Frères de Saint-Pierre-ès-liens ;

4° L'ancienne *Chartreuse de Bonpas*, bâtie sur la tombe des Avignonais morts, en 731, dans une bataille livrée aux Sarrasins. Habité successivement par des ermites, des frères bâtisseurs de ponts et des chevaliers de Malte, ce monastère passa, en 1320, aux Chartreux, qui l'ont gardé jusqu'à la Révolution française. Transformé aujourd'hui en *villa*, il peut montrer encore bien des restes imposants de son antique splendeur. Si la petite, mais remarquable chapelle des Frères Pontifes existe encore, sa grande église où reposaient cinq cardinaux a disparu.

A gauche de Montfavet, on trouve :

1° Le *Château de Fargues* (ancienne propriété de la famille de Cambis), dont la chapelle

était tellement riche en corps saints et en reliques, que les Bollandistes lui ont consacré une
mention toute spéciale dans leur 3e volume du
mois de Mai ;

2° L'Eglise paroissiale du *Pontet*, dédiée à
Notre-Dame-Auxiliatrice et édifiée, il y a à
peine vingt ans, dans le style grec le plus pur;

3° La *Chapelle de St-Louis*, au château de
St-Tronquet. C'était la propriété de l'illustre
famille de Suarez d'Aulan ; un évêque de cette
maison, Louis-Alphonse de Suarez, évêque de
Vaison, y mourut en 1685, aussi considéré par
ses vertus éminentes que par ses connaissan-
ces profondes.

V

VILLENEUVE-LEZ-AVIGNON

De l'autre côté du Rhône, en face d'Avignon et à 3 kilomètres à peine de ses murailles, on aperçoit la petite, mais très-intéressante cité de Villeneuve-lez-Avignon.

Cette ville, qui fait aujourd'hui partie du département du Gard et du diocèse de Nîmes, doit sa fondation à une Abbaye de Bénédictins, bâtie sur la tombe de sainte Cazarie, recluse du VIe siècle. Mais c'est le séjour des Papes à Avignon, qui lui valut sa prospérité et son agrandissement. Elle offre à la curiosité du voyageur :

1° La belle *Tour gothique*, que Philippe le Bel fit élever sur les bords du Rhône, en 1290, et auprès de laquelle on voit les restes du Palais qu'habitèrent l'un après l'autre le cardinal des Ursins et le cardinal de Saluces ;

2° L'*Hôpital*, desservi par les Dames Trinitaires de Valence, et placé dans l'ancien cou-

vent des Religieuses de Ste-Elisabeth bâti en
1677. Deux de ses salles, transformées en Musée, contiennent bon nombre de belles toiles
et d'objets d'art conservés autrefois dans les
maisons religieuses de la ville. Sa chapelle renferme le tombeau gothique du Pape Innocent
VI, et possède, entre autres reliques, le cilice
de saint Pierre Célestin, la coule et le lit de
saint Anthelme de Belley, la moitié d'un bras du
bienheureux Pierre de Luxembourg, la jambe
gauche de saint Illuminé, martyr, la tête de saint
Prosper, martyr, un morceau de la chair de
saint François de Sales, etc ;

3° L'enclos de *Montolivet*, où, en 1327 ,
l'ordre des Olivétains prit naissance, sous les
yeux du Pape Jean XXII ;

4° L'Eglise paroissiale (et jadis collégiale)
de Notre-Dame, bâtie en 1333, par le cardinal
Arnaud de Via, évêque d'Avignon et neveu de
Jean XXII, qui se fait remarquer par ses tableaux, par ses marbres, par son cloître gothique, et qui conserve la tête de Ste-Cazarie et
une admirable statue en ivoire de la Mère de
Dieu ;

5° La Chapelle des *Pénitents*, placée dans
l'enceinte même du Palais que se fit construire,

au XIVe siècle, le cardinal d'Ivrée, plus connu sous le nom de *cardinal de Turin*, et qui fut habité, au XVIIe siècle, par le prince de Conti, Armand de Bourbon ;

6° La *Chartreuse du Val de Bénédiction*, (fondation du Pape Innocent VI, en 1356), devenue aujourd'hui un vrai village, grâce au vandalisme révolutionnaire qui en a partagé les locaux entre plus de cent familles. De toutes ses chapelles une seule est en voie de restauration ; c'est celle du Pape Innocent VI, dont les fresques attribuées à Giotto, sont à peu près intactes ;

7° Le *Fort Saint-André*, bâti par Dugueselin en 1366, renferme l'antique chapelle romane de *Notre-Dame-de-Belvezet*, qui était l'église paroissiale primitive du lieu, et l'abbaye des *Bénédictins de St-André* (aujourd'hui occupée par les religieuses Victimes du Sacré-Cœur, et en grande partie ruinée), abbaye dont un abbé, saint Pons, a été canonisé par l'Eglise, et qui montre dans son enclos la grotte où sainte Cazarie se retira pour faire pénitence ;

8° Au bas de la colline, où s'élève le Fort St-André, il y avait un couvent de *Récollets*,

7

dont l'église, bâtie en 1627, sert de remise et de grenier à foin ;

9° Sur la colline qui s'étend au Sud-Ouest, l'ancien prieuré de Bénédictins de *Montault*, fondé, en 1340, par le cardinal Pierre Bertrand-le-Vieux, où se retira Humbert II, Dauphin du Viennois, après avoir cédé le Dauphiné à la France. Tout près de ce monument, on voit les beaux restes d'une des sept croix gothiques, élevées, au XVe siècle, par le cardinal de Foix, autour d'Avignon, en mémoire de l'extinction du schisme d'Occident.

Nous ne taririons pas, s'il nous fallait seulement énumérer tous les monuments religieux qui existent aux environs d'Avignon, comme la chapelle de Ste-Anne sur la colline de Vedènes, — l'Abbaye des RR. PP. Prémontrés à St-Michel de Frigolet dans les Bouches-du-Rhône, — le sanctuaire de Notre-Dame de Grâce, à Rochefort dans le Gard, etc.

Nous nous arrêtons donc.

Ce que nous venons de dire suffira, nous le croyons du moins, pour montrer quelle trace ineffaçable la Papauté a laissée sur le sol avi-

gnonais, et quelle large part la Providence a
faite à cette ville dans la distribution de ses
dons et de ses faveurs.

N'est-ce donc pas le cas de s'écrier, avec le
Psalmiste, que Dieu n'en a pas autant fait pour
toutes les cités ?

Non fecit taliter omni nationi !

CANTIQUES ET PRIÈRES
A L'USAGE DES PÈLERINS
QUI VIENNENT A AVIGNON

CANTIQUE

EN L'HONNEUR

DU SACÉ-CŒUR

—

Pitié, mon Dieu ! c'est pour notre Patrie
Que nous prions au pied de cet autel ;
Les bras liés et la face meurtrie,
Elle a porté ses regards vers le Ciel.

Refrain.

Dieu de clémence,
Vois nos douleurs !
Sauve Rome et la France,
Au nom du Sacré-Cœur !

Pitié, mon Dieu ! sur un nouveau Calvaire
Gémit le Chef de votre Église en pleurs ;
Glorifiez le successeur de Pierre
Par un triomphe égal à ses douleurs.

Pitié, mon Dieu ! pour tant d'hommes fragiles
Vous outrageant, sans savoir ce qu'ils font ;
Faites renaître en traits indélébiles
Le sceau du Christ imprimé sur leur front !

Pitié, mon Dieu ! votre Cœur adorable,
A nos soupirs ne sera pas fermé.
Il nous convie au mystère ineffable
Qui ravissait l'Apôtre bien-aimé.

Pitié, mon Dieu ! quand à votre servante
De votre Cœur vous dévoiliez l'amour,
Vous avez vu la France pénitente
A ce trésor venant puiser un jour.

Pitié, mon Dieu ! trop faibles sont nos âmes
Pour désarmer votre juste courroux ;
Embrasez-les de généreuses flammes
Et rendez-les moins indignes de vous.

Pitié, mon Dieu ! si votre main châtie
Un peuple ingrat qui semble la braver,
Elle commande à la mort, à la vie ;
Par un miracle elle peut nous sauver !

AMENDE HONORABLE

AU TRÈS-SAINT SACREMENT DE L'AUTEL

DANS L'ÉGLISE

DE LA CONFRÉRIE DES PÉNITENTS GRIS

(Imprimée en 1725, avec la permission de l'Ordinaire)

—

O Jésus, fils de Dieu! Adorable Rédempteur des hommes, nous voici prosternés dans ce saint lieu, au pied de cet autel, où l'on renouvelle tous les jours ce qui a été fait une fois sur le Calvaire.

Les larmes aux yeux, les regrets et les sanglots dans le cœur comme des criminels de lèse-majesté divine, nous vous faisons Amende honorable, en présence de toute votre Cour céleste, pour tous les péchés, irrévérences, profanations, sacriléges, impiétés et abominations que nous avons commis et que nous commettons tous les jours contre votre divine

Personne, à l'égard de cet auguste et adorable Sacrement qui est l'abrégé de toutes vos merveilles et une des preuves les plus sensibles de votre amour.

Nous ne pouvons réfléchir, ô notre aimable Sauveur, sur toutes ces indignités et sur tous ces outrages que nous ne soyons obligés d'avouer avec douleur que vous êtes plus persécuté en votre divine Eucharistie que dans tous les autres états de votre vie. Les Juifs aveugles ne croient pas votre divinité cachée sous les voiles des espèces sacramentelles ; les infidèles incrédules font de ce sacré Mystère l'objet de leurs railleries ; les hérétiques insensés nient votre présence réelle et substantielle dans ce Sacrement, et les mauvais catholiques vous y attaquent en votre propre personne par leurs communions indignes et sacriléges et par les impiétés qu'ils commettent tous les jours dans votre sainte Maison.

Divin Jésus, votre Père ne pourrait souffrir tant de crimes dans le monde, ni vous voir outragé de la sorte, s'il ne vous voyait en même temps, au milieu des villes les plus débordées, immolé sur nos autels. Comme sa Victime bien aimée, vous arrêtez le bras de sa

Justice. Si nos péchés crient vengeance, votre sang crie miséricorde, et lorsque nous jetons les yeux sur ce Tabernacle où vous voulez bien être exposé jour et nuit, nous avons lieu de croire que c'est pour nous donner tous les jours des assurances nouvelles que votre Père est toujours prêt à recevoir les pécheurs à la pénitence.

Faites, adorable Sauveur, que le sang que vous avez versé pour tous les hommes sur le Calvaire et dont vous continuez tous les jours à nous appliquer les mérites sur cet autel, ne soit pas répandu inutilement pour les ennemis de ce divin Sacrement, et surtout pour nous qui sommes les plus coupables. Mais faites que ce même sang soit un germe fécond qui produise notre conversion que vous demandez de nous.

Ah ! divin Rédempteur, après tant de miracles de votre puissance et de votre sagesse, il est de votre gloire de faire un miracle de votre bonté qui est de vaincre, malgré nous, tous les obstacles que nous mettons aux effets de votre miséricorde. Hâtez-vous donc de réunir en vous seul toutes les pensées de notre esprit et tous les désirs de notre cœur. Aussi nous commençons à concevoir que, comme vous vous donnez entièrement à nous dans l'adorable Eucharistie, par un juste retour nous ne devons pas différer davantage à nous donner entièrement à vous.

Aimable Jésus, recevez dès ce moment dans ce saint lieu nos hommages, nos adorations, l'immolation de tout ce que nous sommes. Heureux si nous pouvions mourir au pied de cet autel, sur lequel vous vous immolez tous les jours pour nous, puisque mourir avec vous, c'est vivre, et vivre avec vous, c'est régner et être uni pour toujours à Celui qui nous a rachetés par vous ! Ainsi soit-il.

HYMNE
EN L'HONNEUR DU MIRACLE
DE LA
SÉPARATION DES EAUX

Accompli, le 30 novembre 1433, dans l'église
des Pénitents Gris d'Avignon.

(Tirée en partie du Bréviaire de Turin)

—

Summam Dei potentiam
Et hac in Urbe maximum
Divini amoris debitis
Pignus canamus laudibus.

Aquæ Sacellum concitæ
Fusis inundant fluctibus,
Aræque tristem præparant
Torto ruinam vortice.

Sed sacra fulget Hostia :
Iter dat unda pensilis,
Fidei triumphat veritas,
Et hæresis confunditur.

Jordanis est versus retro
Vias ut Arcæ cederet,
Fugitque divisum Mare
Hebræa plebs ut vaderet.

Sic legis antiquæ sacra,
Nutu Dei, miracula
Legis novæ miraculis
Junguntur his in ædibus.

Redemptor o mitissime,
Dignare sedem figere
In Urbe nostra, ut arceas
Quæcumque turbant tristia.

Hanc, dulcis Hospes, eligens
Ad permanendum, recrea ;
Zachæi ut ædem visitans,
Reple salutis gaudio.

Jesu, tibi sit gloria,
Qui natus es de Virgine,
Cum Patre et almo Spiritu
In sempiterna sæcula. Amen.

TRADUCTION FRANÇAISE

—.-

Chantons avec les louanges qui lui sont dues la puissance infinie de Dieu, et en particulier le gage qu'il donna de son divin amour à cette ville.

Les eaux soulevées inondent de leurs flots débordés la chapelle, et leur tourbillon impétueux menace l'autel d'une ruine désastreuse.

Mais la sainte Hostie apparaît : l'eau s'inclinant laisse un passage ; la vérité de la foi triomphe, et l'hérésie est couverte de confusion.

Le Jourdain remonta vers sa source afin de donner passage à l'Arche, et la Mer se divisa et s'enfuit pour que le peuple Hébreu s'évadât.

C'est ainsi que, par la volonté de Dieu, les miracles insignes de la loi ancienne viennent s'unir dans ce sanctuaire à ceux de la loi nouvelle.

O notre doux Rédempteur, daignez fixer votre demeure dans notre ville pour en éloigner tout ce qui peut y être un sujet de tristesse.

O le plus aimable des Hôtes, transportez-la d'allégresse en résidant dans son enceinte, et remplissez-la de la joie du salut, ainsi que vous le fîtes pour la maison de Zachée.

Gloire à vous, ô Jésus, à qui une Vierge donna le jour ! Gloire à vous, et à votre Père, et à l'Esprit-Saint, pendant les siècles des siècles. Ainsi soit-il.

CANTIQUE DES PÈLERINS

EN L'HONNEUR DE

NOTRE-DAME-DE-TOUT-POUVOIR

qui est vénérée

DANS LA BASILIQUE DE NOTRE-DAME-DES-DOMS.

———

AIR du *Chant des Pèlerins à N.-D.-des-Ermites*

—

Salut, souveraine des Cieux,
Source de vie !
Maîtresse auguste de ces lieux,
Vierge Marie !

Chœur.

Triomphez, ô Chérubins !
Et chantez, ô Séraphins !
Salut, salut, Reine chérie.

Près du trône de l'Eternel,
  Source de vie !
Priez pour nous l'Emmanuel,
  Vierge Marie !

Avec bonheur nous vous nommons
  Source de vie !
Tendre Mère, nous vous aimons,
  Vierge Marie !

Soyez favorable à nos vœux,
  Source de vie !
Ouvrez-nous la porte des Cieux,
  Vierge Marie !

PRIÈRE EN L'HONNEUR

DE NOTRE-DAME-DES-DOMS

(Tirée des œuvres de l'abbé de Celles).

———

O très-douce et très-sainte Vierge ! vous avez trouvé grâce auprès du Seigneur, parce que vous avez été préservée de la tache du péché originel et remplie des dons de l'Esprit-Saint ; vous avez le trésor des grâces, non-seulement pour vous, mais encore pour nous, afin que vous nous assistiez dans tous nos besoins. Vous ne cessez, en effet, de le faire ; vous secourez les bons en les soutenant dans la grâce ; vous secourez les méchants en les préparant à recevoir la divine miséricorde ; vous aidez les mourants en les défendant contre les piéges du démon

vous les aidez même après leur mort en rece-
vant leurs âmes, en les présentant à votre divin
Fils, et en les conduisant enfin au céleste
royaume des bienheureux. J'espère de votre
bonté, ô tendre Mère, que vous daignerez m'ac-
corder ces grâces, dont je vous bénirai toute
l'éternité. Ainsi soit-il.

ANCIENNE PRIÈRE

À

N.-D.-DE-TOUT-POUVOIR

(D'après un manuscrit du dernier siècle).

Très-digne, très-glorieuse Vierge Marie, Mère de Dieu, Reine des Anges, Refuge des pécheurs, vous qui avez tout pouvoir dans le ciel, faites que, par le mérite de votre cher Fils Jésus-Christ, et par nos humbles prières, nous en ressentions les effets ici-bas dans nos maux et dans nos adversités. Ainsi soit-il.

BÉNÉDICTION DE N. S. P. LE PAPE

En faveur des Pèlerins

QUI SE RENDRONT A AVIGNON

Dans une lettre écrite de Rome en date
du 4 avril 1874 et arrivée à Avignon
le 7, on lit les lignes suivantes :

...Mi ha fatto molto piacere il sentire il movimento che spontaneamente si è quest' anno suscitato di ve-

... J'ai appris avec grand plaisir le mouvement spontané qui a porté cette année plusieurs diocèses de

nire da molte diocesi della Francia a visitare la capella miracolosa che possiede Avignone, nella quale da più di 600 anni, senza interruzzione si espose il Santissimo Sagramento con solennità.

Avendo portato a cognizione del Santo Padre questo slancio di devozione diritto a glorificare la presenza reale di Nostro Signor Gesù Cristo, nella Santa Eucaristia si è degnato di benedire tutti quelli che prendono parte a questa prattica religiosa, sperando che

France à venir visiter la chapelle miraculeuse que possède la ville d'Avignon, dans laquelle, depuis 600 ans sans interruption, le Très-Saint Sacrement est solennellement exposé.

Ayant porté à la connaissance du saint Père cet élan de piété, dont le but est de rendre gloire à la présence réelle de Notre-Seigneur Jésus-Christ dans la Sainte Eucharistie, S. S. a daigné bénir tous ceux qui prendront part à cette manifestation reli-

il Signor benedirà le preghiere di tanti buoni Cattolici per il bene della Francia, e della Chiesa....

gieuse, espérant que le Seigneur exaucera les prières de tant de bons catholiques pour le bien de la France et de l'Eglise....

GIACOMO Card. ANTONELLI.

JACQUES Card. ANTONELLI.

TABLE DES MATIÈRES

(Les monuments qui n'existent plus sont indiqués ici
en lettres *italiques*.)

FIN DE LA TABLE.

www.ingramcontent.com/pod-product-compliance
Lightning Source LLC
Chambersburg PA
CBHW051733090426
42738CB00010B/2233